사무 분야에 바로 활용하는
도요타
간판방식

사무 분야에 바로 활용하는

도요타
간판방식

마츠이 준이치
지음

정광열
옮김

삼양미디어

◉ 대한민국 국회부의장 **이용희**

◉ 정치든 기업이든 항상 새로운 시도는 어렵고, 나름의 저항 세력 때문에 새로운 혁신 방안이나 조직을 이끌어가는 데에는 어려움이 따르고 있습니다.

도요타라는 기업은 자주적 개선 활동으로 항상 기업혁신 방식을 추구해 나간 것으로 알고 있습니다. 도요타의 경영, 관리, 생산 방식은 비단 기업에만 적용되는 것은 아닙니다. 국가 기관과 관련 단체들에게도 도요타의 혁신 경영을 벤치마킹하여 보다 투명한 일 처리로 공평하고 정직하며, 효율적인 민주사회를 이루어 나가야 합니다.

저는 도요타식 간판방식을 통해 경영인이든 정치를 하는 사람이든 매사에 새로운 것을 수용하려는 적극적인 자세와 열린 마음이 없이는 어떤 개혁도, 변화도 시도할 수 없다는 것을 다시 한 번 확인했습니다.

그러나 현실적으로는 이러한 시도와 혁신들은 쉽게 진행되지 못합니다. 무수한 이해관계가 실타래처럼 엉킨 조직 사회에서 혁신이란 그리 만만하게 진행할 수 있는 것이 아니기 때문입니다.

> "사무 및 서비스 업무에 적용하여
> 정치, 사회, 경제, 문화 전반에
> 반드시 필요한 요소이다."

　세계와 총성 없는 전쟁을 치루고 있는 우리 기업들과 새로운 희망을 이야기하는 정치는 '성장을 할 수 있는 새 우물'을 찾아야 한다고 생각합니다. 향후 정치, 경제, 사회, 문화 전반에 걸친 성장 여부는 숨 돌릴 틈 없이 돌아가는 변화에 얼마나 능동적이고 창의적으로 적응하면서 신천지를 개척할 수 있느냐에 달려 있다고 봐도 과언이 아닐 것입니다. 하지만 그게 말처럼 쉬운 것은 절대 아닙니다. 극소수만이 좁은 성장의 관문을 통과해 그 과실을 맛볼 것입니다.

　차별화된 경영 전략과 앞날을 내다보는 통찰력, 성장을 향한 강력한 에너지만이 궁극적으로 모두의 생존을 보장해 주는 자산일 것입니다. 그런데 공무원 조직과 유관 단체들의 위기의식은 아직도 느슨함을 면치 못하고 있습니다.

　'도요타의 간판방식'을 통해 모든 조직이 보다 나은 개선점을 향해 경쟁하며 더불어 발전하는 해법을 찾기를 바랍니다.

● 삼성SDI 상담역 (사장) **손 욱**

● 도요타자동차는 올해 미국의 제너럴 모터스를 제치고 세계 정상에 등극했습니다. 그 힘은 어디에 있다고 생각합니까? 저는 도요타의 창조 경영이 그 힘의 원천이라고 생각합니다.

얼마 전 플래닛파이낸스의 회장인 자크 아탈리는 21세기에 '창조 계급'이라는 새로운 계급이 사회를 주도할 것이라고 했습니다. 지금 일본을 비롯한 전 세계는 도요타식 창조 경영을 벤치마킹하기 위해 전사적으로 연구하고 있다고 해도 과언이 아닙니다.

창조 경영이 이토록 주목을 받는 데는 아마도 기업의 생존과 직결되는 것이기 때문일 것입니다. 조직의 규율대로만 하면 인정받는 사회에서 새로운 것을 창조하고 잘못된 것을 개선하기 위해 노력하는 사람이 인정받고 성공할 수 있는 사회가 된 것입니다.

도요타의 역사가 도쿄나 오사카처럼 대도시가 아닌 지방의 한 작은 도시에서 시작했듯이 우리도 작은 곳에서부터 시작해 봅시다. 도요타

"끊임없이 성장하는 도요타의
사무 관리 개선, 우리 기업, 조직에서도
할 수 있다."

식 간판방식의 개선은 멀리 있거나 거대한 것이 아니라 내 옆의 작은 것에서부터 효율을 추구하여 개선하는 것에서 출발합니다.

이 책은 도요타의 간판방식에서 나온 사례를 구체적으로 분석하여 기업에서 어떻게 활용하고 실천했는지를 집중적으로 다루어 간판방식의 업무 처리 과정을 몸으로 체험할 수 있도록 해 주고 있습니다.

우리 모두 도요타의 간판방식을 각자가 속한 조직에 응용하여 효율적인 업무 방식을 개발해야 합니다. 도요타 고유의 역사를 만들었던 사람들처럼 우리도 도요타식 경영 효율화를 기업 각 부문으로 확산할 수 있습니다. 그러기 위해서는 기업과 사원들의 노력과 끊임없는 자기계발과 창조적인 아이디어 생산을 위한 집중이 반드시 필요합니다.

도요타 생산시스템이 '도요타 경영시스템'으로 승화될 수 있을지 여부는 어디까지나 여러분 자신에게 달려 있음을 잊지 말아야겠습니다. 모든 비즈니스맨들의 일독을 권합니다.

◉ 한 회사에서 물류 관리를 위해 도요타식 관리 형식을 적용하고 싶다는 문의가 들어왔다. '스토어관리'의 시작은 그렇게 해서 이루어졌다.

'간판방식'을 사무직에 적용하기 위해 스토어관리를 개발한 것이 아니라 물류 관리의 개선을 반복하는 동안에 스토어관리가 완성된 것이다.

물류 업무 중에는 제조 현장에서처럼 '물품'의 입고 작업이 있는데, 이 작업은 제조 라인에서처럼 반복적으로 이루어진다. 따라서 '물류 지시서'를 '간판'이라고 정해 '간판방식'의 관리가 적용 가능하게 된 것이다.

그러나 물류 관리의 개선에는 '물품'을 입고하는 작업 외에 수주나 발주 업무, 검수, 품질 관리, 재고 관리 등의 사무적인 업무가 많다. 이 작업들은 입고 작업과 연계되어 있기 때문에 입고 작업에서 사용되는

> **"간판방식의 원리를 적용하여
> 사무 관리의 개선에
> 활용한 것이다."**

'물류 지시서'를 그대로 사용해서 사무 업무까지 관리하게 된 것이다.

그런데 사무 업무는 입하 및 출하의 작업 상황, 고객의 주문에 따라서 순번과 부하량 등이 제각각이고 반복적인 부분이 없기 때문에 '간판방식'의 관리가 적합하지 않다고 여겨왔다. 그러나 '간판'에 해당하는 '물류 지시서'를 평준화 포스트에 나열하고 '일렬 대기'나 '1개 진행'의 원칙에 따라 '지시서'를 받아 작업을 하도록 해본 결과 업무의 질과 생산성이 크게 높아졌다. '간판방식'을 흉내 낸 것이 아니라 '간판방식'의 원리를 적용하여 사무 관리의 개선에도 활용할 수 있었던 것이다.

그러고 나서 사무 관리 업무를 시각화하고, 작업 능력이나 과도한 작업량을 평준화하고, 복수 프로세스 간의 작업 연동화 등의 적용을 거쳐 사무 및 개발, 서비스 업무 개선 프로그램으로 '스토어관리'를 확립할 수 있었던 것이다.

‘스토어관리’에서 스토어란 ‘상점’이라는 의미가 아니다. ‘간판방식’에서 각 공정 사이의 완성품을 놓는 장소를 ‘제품 스토어’라고 하는데, 이를 기점으로 하여 후 공정 인수 방식으로 간판에 의하여 생산한다는 의미에서 ‘스토어관리’라고 부르게 된 것이다.

  지금까지 이 ‘스토어관리’는 일본에서 8개 사, 230개가 넘는 사업장에서 일반 사무, 영업, 개발, 서비스(지원), 물류 사무 등 다양한 사무직 업무에서 적용되어 실적을 올리고 있다.

  처음에는 단순히 도요타식의 개선 수법으로 적용했었다. 하지만 최근 몇 년 동안 개선 능력이 있는 조직을 육성하기 위한 ‘개선 도장(개선 연구회 성격)’에서도 주제로 채택해 다루고 있다. 그 결과 스토어관리 방식을 배우고, 스토어관리를 통한 고도의 관리 능력과 개선 능력을 익힌 인재들이 곳곳에서 성과를 올리고 있다.

"스토어관리의 스토어는 각 공정 사이의
완성품을 놓는 장소이다.
스토어관리를 통해 사무 관리 업무의
시각화, 평준화, 작업연동화를 효과적으로 이룬다."

이 책에서는 단순히 스토어관리 기법을 소개하려는 것이 아니다. 도요타식 관리 개선의 DNA를 계승하는 인재만들기를 통하여 개선의 본질을 소개하려고 한다.

마지막으로 이 책의 출간에 즈음하여 귀중한 자료 제공을 해 준 '주식회사 토야마 후지츠'의 마츠자키 키요아키 사장, 미나토가와 미사미츠 씨, 사사츠 타케시 씨, '주식회사 후지츠 소프트웨어 테크놀로지'의 무라카미 노리히로 씨, 타카기 토오루 씨, 사카타 마사키 씨, 또 집필을 하는 데 여러 가지로 지원을 해 준 마츠오 야스노리 씨, 이시카와 히데토 씨, 이시야 신고 씨에게 진심으로 감사드린다.

● **마츠이 준이치**

개선 사례

◉ 도요타식 개선을 실천한 사례를 소개하고 있다. 이 사례들은 개선을 실천한 기업에서 실제로 이루어진 개선이나 성과에 대해 데이터와 사진 등을 포함하여 소개함으로써 독자들이 실제의 개선을 그려 볼 수 있도록 했다. 많은 사례들에서 성과를 낸 것을 확인할 수 있지만 그렇다고 모든 개선이 성공한 것은 아니다. 실제로 성공한 사례가 있다는 것을 알고 그것을 목표로 하여 개선을 해 나가야 발전할 수가 있다.

개선 비화

◉ 필자가 다양한 기회를 통해 보고 들은 개선에 대처한 이야기들이다. 개선을 뒷받침하는 실제적인 정보나 데이터가 없는 경우만을 소개했다. 그중에는 비화도 있는데, 이 이야기는 개선 활동에 대한 생각이나 자세를 검토하는 데 새로운 관점을 제공한다는 의미로 읽어 주었으면 한다.

함정

◉ 도요타식 개선을 시도하는 사람이 빠지기 쉬운 함정에 대해 소개하고 있다. 이 함정을 자세히 들여다보면 모처럼의 개선도 때에 따라서는 양날의 칼이 되어 되돌아올 수 있다는 것을 알게 된다. 본래의 목적을 유연하게 의식하면서 도요타식 개선의 본질을 이해하는 법을 알려 준다.

테크니컬 가이드

◉ 이 책에서 소개하는 스토어관리나 개선 보드 등을 실천하려는 사람에게 필요한 실천 순서나 포인트를 소개하고 있다. 컨설팅 현장에서 사용하는 텍스트나 가이드를 거의 그대로 기재했다. 하지만 읽기만 한다고 되는 것이 아니라, 몇 번이고 시험해 보면서 이해해야 자신의 것이 될 수 있다.

이 책의 차례 TOYOTA

| CHAPTER 1 | 도요타방식을 응축한 5가지 DNA

| CHAPTER 2 | 스토어관리의 시작 '시각화'

| CHAPTER 3 | 개선을 진전시키는 스토어관리

| CHAPTER 4 | 변동대응력을 높이기 위한
평준화 스토어관리

| CHAPTER 5 | 도요타식 관리 및 개선 기반 만들기

한 나라에서 자동차 산업을 정착시키려면 '도요타 생산방식'을 각 작업 현장에 엄격히 적용해야 한다. 자동차처럼 부품의 종류 수가 많고 고장이 없는 고품질이 요구되는 제품은 싼 인건비를 바탕으로 만들어 낼 수 있는 상품이 아니기 때문이다. 도요타 생산방식은 각 조직의 낭비를 드러내 놓고 강조해 그 낭비를 철저하게 없애주는데, 이것이 바로 도요타 생산방식의 무기다. 생산현장의 각 부서에 필요한 인원의 수를 파악하고 이를 바탕으로 지속적으로 합리화를 추구하면 된다.

T O Y O

CHAPTER 1

A

도요타방식을 응축한
5가지 DNA

생물의 역사는 자신보다 뛰어난 상대와 만나 교배함으로써
자손을 강하게 만들어 생존한 역사라고 볼 수 있다.
미래의 자손을 위해 자신의 일부를 남김과 동시에 다른 종을 받아들임으로써
진화를 한 것이다. 기업도 이와 마찬가지로 더 강한 기업의 DNA를 받아들여
자신의 DNA와 융합해 더 강한 기업을 만들어 낼 때 다음 세대에 물려 줄 수 있다.
도요타를 그대로 흉내 낼 것이 아니라 도요타식의 DNA를 추출해 자사에 도입한 다음,
독자적인 기업 문화를 창조한다면 자사의 강점과 도요타의
DNA가 융합되어 도요타식의 강점을 다양한 비즈니스에 실현할 수 있을 것이다.

탈상식에서 시작하는 도요타방식

도요타식 관리는 비상식에의 도전이다

도요타식 관리를 한마디로 정의해 보면 비상식에의 도전을 말하며 그 기초는 '탈상식'에 두고 있다. 간판방식이나 스토어관리를 이해하기 위해서는 먼저 도요타식 관리에 대한 발상을 이해해야 할 필요가 있다.

도요타가 내세우고 있는 고객 지향은 하나하나의 활동이 고객에게 진정한 가치가 있는지를 항상 자문자답하는 것에서부터 시작한다. 도요타방식을 도입한 공장에서는 모든 작업을 고객이 가치를 느낄 수 있는 정미 작업과 그렇지 않은 부대 작업, 낭비로 분류한다. 그리고 정미 작업을 늘리고 부대 작업의 축소 및 낭비를 억제하기 위해 항상 노력하고 있다.

기업은 고객이 가치를 느낄 수 있게 함으로써 비로소 이익을 창출할 수 있다. 따라서 기업의 개선이란 바로 고객이 가치를 느껴야 한다는 대전제가 바탕이 되어야 한다. 각 기업들의 사정에 따라 움직이는 상식적인 룰을 벗어나 다른 기업이 '비상식'이라며 외면하는 것에도 과감히 도전할 수 있어야 한다. 지금까지의 가치관을 떨쳐 버리지 않으면 도요타식 관리는 절대 이해할 수 없다.

도요타식 가치관이 일반 기업의 가치관과 어떻게 다른지를 여실히 보여 주는 것이 바로 '재고'에 관한 생각이다.

제조업체에게 '결품(특정 상품이 떨어진 상태)'은 심각한 상황 중의 하나로 결품을 없애기 위해서 대부분의 제조업체들은 다량의 재고를 쌓아 두려고 한다. 즉, '재고가 없으니까 결품이 생긴다'라는 생각을 갖는 것이다.

그러나 도요타식의 사고는 180도 다르다. '재고가 있으므로 결품이 일어난다'고 생각하고 있으며 당연히 재고가 있으므로 결품도 생긴다는 것이다. 이런 생각의 차이는 생산관리의 기본적인 사고방식의 차이에서 비롯된다.

재고를 달리 말하면 '제품을 만드는 속도와 팔리는 속도의 차이'라고 말할 수 있다. 만드는 속도를 팔리는 속도보다 빨리 하면 재고가 발생하면서 결품은 없어진다. 그러나 변동이 심한 판매 속도를 항상 웃도는 제조 속도를 확보한다는 것은 수요를 크게 웃도는 생산 능력을 유지해야 한다는 것을 의미한다. 이는 결국 높은 원가를 투입해야 하는 결과를 초래한다.

도요타식에서는 낮은 원가 방식을 유지하기 위한 전제로 제조 속도와 판매 속도의 동기화(Synchronization ; 주기적인 운동을 하는 개체들이 서로 영향을 주고 받음으로써, 동일한 주기를 갖게 되는 것. 그러한 현상을 동기 현상(同期現

狀)이라 하고, 동기된 상태를 동기화(同期化)되었다고 한다. 여기에서는 제조 속도와 판매 속도가 일정하게 유지되는 것을 말한다)를 지향하고 있다. 이는 판매 속도가 아무리 변해도 유연하게 대처할 수 있는 생산 체제를 확립하려는 것이다. 따라서 동기화를 실현시키면 재고는 사라지게 되어 있다.

재고를 쌓아 두는 것은 판매 속도에 대한 생산 조정을 재고에 맡기는 것으로, 재고를 '수단'으로 생각하는 이런 방식은 유연한 생산관리를 포기한 채 재고에 관리를 의존하는 체질을 만들고, 이렇게 되면 재고의 한계를 넘는 돌발적인 수요 변동에 대응할 수 없게 되어 결과적으로 결품이 발생하고 만다.

이 밖에도 도요타방식에서의 상식과 세간의 일반 상식이 정반대인 경우는 아주 많으며 도요타식 힘의 원천 중의 하나가 여기에 있다. 여타의 일반 상식과는 동떨어져 있기 때문에 타사는 관심을 갖지 않는다. 그러나 도요타만이 상식을 다르게 생각하기 때문에 독창성을 발휘하고 경쟁력을 높일 수 있는 것이다. 이런 이유로 도요타방식이 많은 사람들의 관심을 끌게 된 것이다.

단, 종래의 가치관을 떨쳐 버리는 것만으로는 도요타식을 이해하고 개선의 성과를 낼 수는 없는 일이다. 표면적으로 도요타와 닮은 기업이 도요타를 흉내 내려 하더라도, 도요타 문화는 다른 기업에서는 다른 문화에 지나지 않는다. 다른 문화를 그대로 도입한다면 소화불량을 일으키는 건 당연지사다.

그러나 문화가 다르더라도 문화를 낳은 그 기초는 어떤 기업에도 도입할 수 있다. 그 기초란 인간의 몸으로 비유해 말하면 'DNA'라는 기본적인 설계도와 같은 것이다.

생물의 역사는 자신보다 뛰어난 상대와 만나 교배함으로써 자손을 강하게 만들어 생존한 역사라고 볼 수 있다. 미래의 자손을 위해 자신의 일부를 남김과 동시에 다른 종을 받아들임으로써 진화를 한 것이다. 기업도 이와 마찬가지로 더 강한 기업의 DNA를 받아들여 자신의 DNA와 융합해 더 강한 기업을 만들어 낼 때 다음 세대에 물려 줄 수 있다.

도요타를 그대로 흉내 낼 것이 아니라 도요타식의 DNA를 추출해 자사에 도입한 다음, 독자적인 기업 문화를 창조한다면 자사의 강점과 도요타의 DNA가 융합되어 도요타식의 강점을 다양한 비즈니스에 실현할 수 있을 것이다. 이렇게 되면 경쟁사뿐만 아니라 도요타조차도 흉내 내기 어려운 강력한 조직을 만들 수 있을 것이다.

도요타식의 DNA는 5가지의 키워드로 분류할 수 있다.

사람과 고객을 중시하는 '이념의 DNA', 행동의 원칙인 '행동의 DNA', 사물에 대한 관점을 바꾸는 '관점의 DNA', 개선 실행력을 보여주는 '개선의 DNA', 그리고 눈에 보이는 관리를 하는 '관리의 DNA' 5가지가 바로 그것이다.

개선 비화 재고와 결품

간판생산 등 도요타식의 개선 방식을 도입하여 성과를 내는 회사는 그리 많지 않다. 매일 매일 컨설팅을 하면서 참여는 하고 있지만 성과를 내는 회사는 30% 정도밖에 되지 않는다. 이렇게 성과를 내는 회사가 적은 이유는 많은 회사들이 상식의 벽과 가치관의 벽을 넘지 못하기 때문이다.

어떤 회사에서 간판생산과 관련된 컨설팅 의뢰가 들어왔다. 이 회사는 20여 년 동안 납품 결품률이 3%였다. 여러 가지 방법으로 개선을 해보려고 노력했지만 결품률이 줄어들지 않아 간판방식을 도입하고 싶다는 것이다.

사실 간판방식은 현재의 품목 리스트를 갖고 생산을 지시하는 아주 간단한 구조로, 간판방식 구조 자체는 몇 개월이면 도입할 수 있다. 따라서 어떤 회사라도 현재의 생산관리 방식 하에서 간판방식을 쉽게 도입할 수는 있다. 그런데 간판방식을 도입하는 과정에서 문제가 발생하는 것은 재고를 줄이기 시작할 때부터다. 이 회사도 간판방식 도입 후에 성과를 내기 위해 재고를 줄여야 했다. 그런데 갑자기 개선이 멈춰버렸다. 오랜 세월 동안 결품을 내지 않기 위해 재고를 많이 확보하고 있던 생산관리 담당자가 당장 재고를 줄이라는 지시에도 불구하고 재고를 줄이지 않은 것이다.

일반적인 상식으로 생각할 때 고객의 주문에 '결품' 없이 납품하려면 재고를 보유하고 있다가 출하를 해야 한다. 그러나 도요타식의 관리 방식인 간판생산에서는 '재고가 있으므로 결품이 생긴다'고 생각한다. 이것은 분명히 대다수의 기업들이 생각하는 것과 180도 다른 것이다.

이 과정에서 생산관리 담당자와 컨설턴트의 끝없는 공방이 시작되었다. 컨설턴트는 계속해서 재고를 줄이라고 요구하고, 담당자는 여러 가지 이유를 들어 그것을 거부한다. 이 회사에서도 이런 공방이 2년 동안이나 계속되었다. 당연히 경영자는 간판방식을 도입해도 전혀 효과가 없자 초조해하기 시작했다. 결국엔 이런 이유로 많은 회사의 경영자들이 간판방식을 중도에 포기해 버리고 자신의 회사에서는 간판방식이 맞지 않는다고 결론을 내린다.

그러나 이 회사의 경영자는 다른 회사 경영자들처럼 포기하지 않았다. 왜 효과가 나지 않는 것일까? 계속 고민을 하면서 재고를 줄여서 효과가 나타난다면 컨설턴트가 말한 것처럼 재고를 줄여 보자고 생각했다. 그래서 생산관리 담당자를 바꾸고 컨설턴트의 말대로 재고를 줄여갔다. 1개월도 지나지 않아 효과가 나타나기 시작했다. 결품이 제로가되는 날도 생기고 날이 갈수록 결품 없는 날이 늘어났다. 당초에 재고는 20일분 이상으로 통로에 가득 쌓여 있었지만, 재고를 계속해서 줄여나감으로써 3일치의 재고만 남게 되었다.

간판생산에서 성과를 내는 기업들은 종래의 상식인 '결품을 없애기 위해 재고를 보유한다'는 생각을 버렸다. '재고가 있으면 결품이 일어난다'는 도요타의 180도 다른 상식을 도입한 것이다.

도요타식 개선을 도입하고 성과를 내는 회사가 30%대에 머무는 이유는 이처럼 비상식을 사내의 상식으로 적용하는 데 수많은 어려움이 따르기 때문이다. 결국 도요타식의 개선 방식을 도입할 수 있는 회사는 타사에서는 따라 올 수 없는 경쟁력을 가진 회사라고 할 수 있다.

조직의 의식을 바꾸고 행동을 바꾸는 개선을 실행할 때, 경영자의 개선 활동에 대한 이해와 리더십에 따라 성과가 달라진다. 특히 도요타식의 가치관을 새롭게 재정립하기 위한 개선 활동에서는 경영자의 강력한 관여가 성공을 좌우한다. 스토어관리 등 도요타식(TPS ; Toyota Production System)의 개선을 위해 전사적으로 임한 주식회사 '토야마 후지츠'의 마츠자키 사장은 개선 활동에 대해 다음과 같이 말한다.

▌(주)토야마 후지츠의 개선 활동 내용

(주)토야마 후지츠는 미들웨어 제품 개발, 어플리케이션 개발, 서버 및 호스트의 시스템 운용을 주요 비즈니스로 하는 후지츠(주)의 개발 담당 협력 회사다.

우리는 2005년부터 '사람이 바뀐다', '행동이 바뀐다', '상식이 바뀐다', '그리고 기업이 바뀐다'를 모토로 '자율 개선 활동'이라고 명명을 한 TPS의 기본 이념과 기본 사상에 기초를 둔 자율 개선의 DNA를 현장에 정착시키기 위해 개선 활동을 시작했다.

사내의 모든 사업장, 전체 업무에 적용이 가능한 '업무 모델(간접 부분)', '서비스 모델(운용, 소프트 출하)', '개발 모델(소프트 개발)'을 스토어관리로 개선할 수 있도록 새로운 모델을 개발하고 사내의 104개 작업장이 각각의 '개선 도장'과 '자주 개선'을 전개하면서 각 현장에서 활발한 자율 개선 활동이 일어나게 되었다.

▌마츠자키 사장이 제시한 개선에 대한 4가지 원칙

　나는 후지츠(주)에서 33년 동안 금융기관의 기반 시스템 개발에 관여해 왔는데 그 동안 개발 환경이나 하드웨어의 급속한 발전에 비해 소프트웨어의 개발은 대폭적인 생산 혁신을 실현할 수 없어서 과제로 남아 있었다.

　나는 2003년에 (주)토야마 후지츠의 사장으로 취임했다. 취임 당시에 이 회사도 다른 IT기업들과 마찬가지로 납기 지연, 품질 문제, 적자 프로젝트 개발이라는 과제를 안고 있었다. 이 모든 과제를 해결하기 위해 각종 개발 도구를 활용하고, 개발 환경을 재정비하고, 개발 센터를 설립하는 등의 시책을 시행했다. 하지만 생각과 달리 쉽게 과제가 해결되지 않았다.

　기술 수준의 고도화와 시스템 혁신이 우선적으로 시급했지만, 조직의 능력을 높이기 위한 '인재만들기'와 '조직 관리 능력' 역시 중요하다고 생각했다. 그러던 중에 도요타식의 개선 활동을 알게 되었고, 인재만들기를 축으로 한 개선의 기본 이념과 사상을 받아들이고 개선 활동을 시작하도록 했다.

　도요타식의 개선 방식은 원리원칙을 명확히 하고, 그 원리원칙에 따라 각 현장이 지혜를 짜내는 활동이었다. 나는 (주)토야마 후지츠의 사장으로서 특별히 중시하고 싶은 4개의 원리원칙을 제시한 다음 사원들이 개선 활동을 전개해 나가도록 했다.

원리원칙 1 우선 시도해 본다

— 개선은 처음으로 경험하는 일들이 많다. 그러니 시도해 보기도 전에 할 수 없는 이유를 늘어놓지 않도록 한다. —

일단 시도해 보고 잘못된 부분이 발견되면 즉시 수정하면 된다. 개선 계획을 각 부문에 보고할 때에도 가장 먼저 언제 행동을 시작할 것인지를 자문한 뒤에 실행 약속을 하도록 했다. 할 수 없는 이유 등은 듣지도 않았고 반영하지도 않았다.

원리원칙 2 업무의 눈관리

— 업무 프로세스와 그 진척 상황을 언제라도 볼 수 있게 해야 한다.
잘못된 부분을 부각시켜 즉시 필요한 대응을 하게 한다. —

원리원칙 3 생산성의 눈관리

— 개선한 것이 좋은 것인지 나쁜 것인지 모르는 채로 있으면 안 된다. —

생산성을 높이기 위한 개선에 집중해야 한다. 업무를 한눈에 알 수 있도록 시각화하고, 철저하게 생산성을 눈관리로 가능하도록 상품의 자체 사양을 기획 개발하고, 시각화의 도구인 PMA(Project Management Assistant) 시스템을 개발하고, 현장에 도입하여 철저한 시각화를 모색했다. 또한 대형 플라즈마 디스플레이를 도입하여 PMA 시스템을 항상 표시하도록 하고, 어디서든 업무와 생산성 현황을 볼 수 있게 했다.

- 현장을 직접 보지 않으면서, 과거의 경험을 기초로 한 상상 속에서 탁상
공론을 하지 말아야 한다. -

관리자는 현장에서 보고 판단하고 지시한다. 경영자 스스로가 거
의 매일 현장을 순회하며 실시간으로 개선 활동을 살펴보고, 질타와 격
려를 반복했다. 각 사업부도 매주 사업 담당 부장을 현장으로 보내 현
장의 개선이 침투하도록 했다.

개선 활동이란 다른 회사를 흉내 내는 것이 아니며, 경영자부터 개
선에 대한 강한 믿음을 갖고 개선의 원리원칙을 제시해야 한다. 동시에
각각의 현장에서 조직적으로 지혜를 짜내야 한다. 일련의 모든 일들은
경영자가 강력한 리더십으로 추진해야 성공할 수 있다.

2 이념의 DNA

기본은 인재만들기이다

'이념의 DNA'는 5가지 도요타식 DNA 가운데 첫 번째 DNA다. 이 것은 '인재만들기'와 '고객의 관점에서 낭비를 철저히 줄여야 한다'는 도요타의 기업 이념을 중시하는 자세다. '물건만들기는 곧 인재만들 기'라는 것이 도요타의 철학으로 도요타식의 인재만들기는 현장에서의 개선 활동을 통해 실행된다. 현장에서는 작업 시간을 1초라도 단축하 고, 한 걸음이라도 보행을 줄이는 것에 초점을 맞추고, 세세하게 개선 해 나간다. 이런 노력이 축적되어 라인 생산성을 30%나 향상시켰고, 작 업자 1인 감축 등의 성과로 이어진다.

그렇다 하더라도 현장의 개선이 도요타의 이익의 원천이라고 말하 기는 어렵다. 도요타의 2006년 3월 경상이익은 약 1조 1천억 엔으로 전 년에 비해 약 2,500억 엔이나 증가했다. 아무리 개선을 중시하는 기업이라 해도 현장 개선만으로 이렇게 이익을 올릴 수는 없다.

도요타가 이렇게 막대한 이익을 올릴 수 있었던 것은 바로 매일 매일의 개선 활동이 가져온 인재만들기가 있었기 때문이다. 개선 활동에 따른 직접적인 효과와 개선 활동에 의해 이뤄진 인재만들기라는 부차적인 효과가 합쳐져 전체적으로 볼 때 큰 효과를 불러온 것이다.

개선 활동이 인재만들기에도 효과적인 것은 사원들의 의식을 변화시키기 때문으로 매일 개선 활동을 하기 때문에 사원들의 의식 수준이 자연스럽게 높아지는 것이다.

▶ 인재만들기

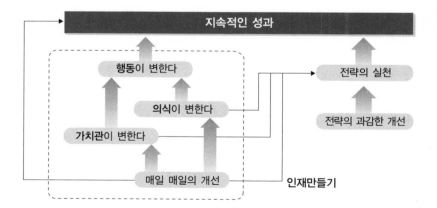

이념의 DNA : 인재만들기
매일 매일 사람의 능력을 살리고 높이는 구조 – 매일 매일의 개선 활동 중에 능력을 살리고 높인다. – 경험하게 하고, 제안하게 해 현장에서 지혜를 끌어냄으로써 능력을 높인다.

개선 활동을 추진하면 현장에 있는 사원들은 개선해야 할 점이 없는지 항상 생각을 하게 된다. 그리고 사원 한 사람 한 사람에게 협력하여 조직을 개선하려는 의식이 생겨 여러 가지 일들에 대해 주의를 기울이게 된다. 따라서 상명하달식으로 개선을 지시할 필요도 없이 자발적으로 개선을 하려는 의식을 만들어 낼 수 있다. 평소에 하던 작업에 대해 문제의식과 개선 의욕을 가진 사원이 현장에서 늘어나면 개선 활동을 당연하게 여기는 조직 즉, 자연적으로 생산성과 품질이 높아지는 조직이 완성된다.

사원들의 의식 개혁은 변화를 전향적으로 생각하는 자세도 길러낼 수 있다. 조직이 새로운 일에 임할 때 가장 장애가 되는 것은 저항 세력, 변화를 꺼려하는 세력이다. 변화에 대한 저항이 많은 조직에서는 하나의 설비를 이동할 때조차도 '이건 아니야. 저건 아니야!'라고 하면서 저항하기 때문에 결국은 아무것도 바꾸지 못하고 만다. 이런 조직은 절대로 발전하지 못한다.

그러나 현재를 변화시키기 위한 개선 활동을 함으로써 변화에 대한 사원들의 거부감은 줄어든다. 한 번 바꿔 봐서 결과가 좋지 않으면 또다시 바꾸면 된다는 가벼운 마음으로 변화에 도전한다. 바꾸는 것이 옳다고 생각하는 사람은 다른 사람의 장점을 받아들이는 것에도 거부감을 갖지 않는다. 과거의 지식이나 경험의 연장선에서 탈피하려는 사원들이야 말로 도요타식의 '탈상식'이라고 할 수 있다.

이런 의식 개혁을 통해 매일 매일의 행동이 변하고 낭비가 없는 세련된 업무를 추구하게 되고, 처음부터 개선이 필요하지 않은 업무 방식이 완성되어 큰 효과를 낳는다. 사원 한 사람 한 사람의 육성이 진행되어 조직 전체에게 매우 큰 도움이 된다. 공정을 재검토하는 것이 개선 활동의 직접적인 효과라고 한다면, 인재만들기는 개선 활동의 간접적인 효과에 지나지 않는다. 그러나 '변화를 두려워하지 않는 인재만들기'는 직접적인 개선 효과 보다 몇 배의 효과를 조직에 불러온다.

또 하나의 인재만들기는 가치관의 변화다. 좋고 나쁜 것을 판단하는 근거가 가치관인데, 이것이 철저하게 고객의 관점에서 바라보는 가치관으로 변하는 것이다.

낭비를 판단하는 방법으로 흔히 조직에 있어서 필요한 것인지 불필요한 것인지를 판단의 기준으로 삼는다. 하지만 도요타식의 개선 활동에서는 고객에게 가치가 있느냐 없느냐가 판단 기준이 된다. 조직에 필요하더라도 고객에게 가치가 없으면 낭비라고 생각하는 것이다. 현재 하는 일이 고객에게 가치가 있는지 없는지를 항상 자문하게 하여, 가치가 적다면 가치를 높이려는 개선을 해야 한다. 또한 더 나아가 가치가 없다면 그 일은 당장 그만두어야 한다. '후 공정은 고객'이라는 말로 대변되는 것처럼 고객이 가치를 느낄 수 있도록 개선해야 한다.

가장 효과적인 개선은 일 자체를 그만두는 것이다. 더 정확히 말하자면 가치 없는 일은 신속히 그만두는 결단력이 있는 사람을 육성하는 것이다.

개선 활동에 따른 인재만들기는 조직의 전략 실행에도 큰 도움이 된다. 자발적인 개선 의식과 변화를 즐기는 가치관, 생각하기 전에 행동하는 인재의 육성으로 조직은 한차원 높은 전략을 실행할 수 있는 조직으로 거듭난다.

그러나 조직이 아무리 의미 있는 전략을 만들어 내도, 변화를 거부하지 않는 적극적인 자세와 고객의 관점에서 바라보는 가치관이 사원들에게 존재하지 않는다면 그림의 떡에 불과하다. 특히 고도의 전략을 수행해야 한다면 그것을 받아들이는 사원들의 높은 의식 수준과 가치관이 필수 조건이다.

그러나 도요타식의 이념으로 육성된 조직에서는 그런 의식과 가치관이 이미 갖춰져 있기 때문에 고도의 전략을 수월하게 실행할 수가 있다. 전략 실행에 방해가 되는 내부의 장해물은 이미 제거되었고, 어떤 개혁의 고통에도 견딜 수 있는 조직이 만들어져 있기 때문이다.

여기서 도요타식의 인재만들기 효과가 나타난다. 인재를 길러 개선을 위한 보다 더 효과적인 제안을 할 수 있도록 하며, 아예 개선이 필요한 상황 자체를 만들지 않는 효과도 낼 수 있다. 이와 함께 변화에 강한 조직을 구축할 수 있다. 이러한 '조직 능력'의 극대화는 인재만들기의 최종 목적이 된다.

사무나 간접 부분의 관리 개선에서도 인재만들기는 똑같이 중요하다. 특히 사람에 의존하는 작업이 많을수록 부문 인재 육성의 중요성은 커진다.

스토어관리는 도요타식 의식이나 가치관을 현장 사원들이 공유할 수 있도록 하려는 것이다. 이것 역시 인재를 육성함으로써 성립될 수 있다. 스토어관리는 개선을 위한 도구다. 개선을 위한 인재를 육성하지 않고 스토어관리만 도입한다면 현장의 토대가 되는 도요타식 의식이나 가치관이 없어서 문제를 제대로 파악할 수 없고, 문제 해결을 위한 실마리도 찾을 수 없다. 설사 문제를 해결하는 방향으로 움직이기 시작하더라도 이를 중단시키려는 세력이 반드시 나타나게 마련이다.

스토어관리가 목표로 하는 것은 현장에서 지혜를 짜내도록 권장하는 것이다. 이를 위해서는 스토어관리를 어떻게 활용하는지를 배우기보다 도요타식의 의식이나 가치관을 기반으로 하는 인재의 육성이 우선이다. 특히 고도의 스토어관리를 하기 위해서는 고도의 업무 수행 능력을 가진 인재의 육성은 반드시 필요하다.

개선 비화   인재만들기에 의한 성과의 특징

일반적으로 개선에 따른 성과란 개선 활동을 실행하기 이전보다 한 단계 더 좋아졌다는 걸 의미한다고 생각하기 쉽다. 예를 들어 생산성을 향상시키려는 개선을 실행한다고 하자. 그러면 생산성 추이 그래프는 개선을 실시한 시점을 바닥으로 하여 한 단계를 올라가야 한다고 생각한다. 분명 아주 적절한 개선을 실시했다면 그렇게 될 수 있다. 하지만 성과 있는 개선은 좀처럼 쉽게 이뤄지지 않는다. 또한 투자가 수반되어야 할 경우도 많으며 현장 개선이라는 범주를 벗어나는 경우도 많다.

도요타식 인재만들기에 의한 개선의 경우, 성과에 특징이 있다. 그것은 생산성 추이 그래프를 보면 쉽게 알 수 있다.

하루하루의 생산성은 편차가 많아 그래프는 톱니 모양을 하고 있지만, 전체적으로 보면 계속 상승한다. 이것은 인재만들기에 따라 생산성이 상승하는 전형적인 특징을 보여 주는 것이다. 분명 개선 활동을 하고 있지만, 특정 개선 활동의 효과로 상승하고 있다는 것을 설명할 수 없는 형태이다.

성과를 내는 조직은 개선에 대한 의식이 높고, 매일 매일 다양한 일에서 지혜를 짜내는 활기 찬 작업장을 형성한다. 지혜를 짜낼 수 있는 사람들의 수는 늘어나고, 개선 경험이 축적되는 것에 따라 지혜는 더 많아져 지혜의 소용돌이에 빠지게 되는 것이다.

▶ 인재만들기를 통한 생산성 추이 그래프

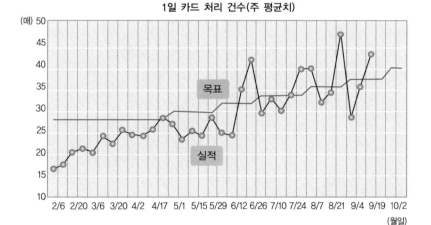

위 도표는 개발 부문의 인재만들기를 통한 생산성 향상을 목표로 개선 활동을 하고 있는 직장의 생산성 추이 그래프다. 이 그래프를 통해 8개월 동안에 무려 생산성이 110% 향상되었음을 알 수 있다. 또한 일자에 따라 편차는 있지만 일관성 있게 생산성이 향상되었다.

인재만들기라고 하면 사람들에게 교육이나 훈련을 시킨다는 이미지가 강하다. 다시 말해 교육 프로그램을 통해 지식이나 기능을 높여주는 것을 인재만들기로 생각한다.

도요타식의 관리 및 개선에서 '깨닫는다'라는 말이 자주 등장한다. '깨닫는다'라는 말의 뜻은 지금까지 신경을 쓰지 않던 일에 관심을 갖고, 그것을 통해 자신의 행동을 변화시킨다는 의미다. 또 '지혜'라는 말도 자주 등장한다. '지혜를 짜내자' 등과 같이 말한다. '지혜를 짜내라!'라고는 말하지 않는다. 자신이 갖고 있는 지식이나 경험을 활용하여 스스로 새로운 방법을 모색하자는 것이다.

이런 말들을 포함해 도요타식의 관리 및 개선에서 사용하는 대부분의 말들은 행동을 변화시키는 것에 중점을 두고 있다.

인재만들기란 지식을 부여할 뿐 아니라 행동의 변화까지도 의도한 활동이며, '스스로 생각하고 스스로 행동'하는 사람을 양성하는 것이다.

어떤 회사는 휴지통의 위치를 바꾸는 데에만도 한 달이 걸린 경우가 있다. 이런 회사는 변화의 문제에만 집중하고 더 좋은 결과를 내기 위해 지혜를 짜내려 하지 않는 사람들의 집합체라 해도 과언이 아니다. 휴지통의 위치조차 바꾸지 못하는 회사가 과감히 전략을 바꾸고 개선을 이뤄 낼 수 없다. 아무리 좋은 전략도 '변화를 거부하는 사람들'에게는 아무런 도움이 되지 않는다.

도요타식 관리, 개선이 성과를 내는 이유는 독특한 개선 기법 때문만이 아니다. 독특한 개선 기법을 스스로 만들어 내고 실천하는 사람들이 있기 때문이다.

사람들의 행동이 변해야 성과를 낼 수 있다는 것을 이해하고, 이를 중시하는 경영을 도요타식 관리, 개선으로 실현하지 못하는 조직은 아무리 시간이 지나도 도요타와 같은 성과를 낼 수 없다.

TOYOTA 고객의 관점에서 낭비를 철저히 배제시킨다

이념의 DNA의 목표는 '고객 지향'이라는 것이다. 현대의 기업 경영에서 '고객 지향'을 목표로 하는 것은 당연한 일이다. 그래서 어떤 경영자들은 '우리 회사는 이미 고객 지향을 철저히 실행하고 있다'고 말할지도 모른다. 그러나 도요타식의 고객 지향은 모든 개선의 기준이 되고, 기업 활동의 명백한 근거라는 점에서 현장에 더욱 구체적으로 침투해 있다.

개선 활동이란 업무의 낭비를 줄이는 것이다. 낭비가 되는 것은 어떤 부분이며 어디서부터 낭비를 줄일 수 있을지, 도요타식에서는 항상 고객의 관점에서 판단한다. 낭비에는 고객에게 가치 없는 낭비와 조직에 필요하지 않은 낭비가 있다. 고객 관점에서의 낭비는 고객이 가치를 느끼지 못하는 낭비를 말하며, 그것을 배제하는 것이 목표다.

고객의 관점에서 낭비를 이해하지 못하면 일이나 작업의 낭비는 줄일 수 없다. 자신들이 하는 일과 작업 속에 낭비가 포함되어 있다는 사실을 인식하지 못하기 때문이다. 무엇보다도 업무 수행을 위해, 또 조

직 운영을 위해 필요하다는 생각에서 그 일을 해 왔기 때문에 낭비라고
여기지 않는 것이다.

▶ 고객 관점에서의 낭비

이념의 DNA : 고객 지향
고객 관점에서 낭비를 철저히 배제 − 조직의 상황에 근거하여 낭비의 기준을 판단하지 말라. − 생산이나 제공 프로세스 때문에 재고가 있어도 고객에게는 낭비다. − 고객에게 필요한 것, 가치 있는 것을 추구한다. − 기준은 고객에게 있다. − 필요할 때, 필요한 물건을 필요한 만큼만 만든다.

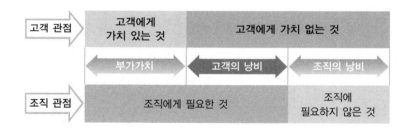

이때 발상을 전환하여 고객의 관점에서 낭비를 발생시키는 요인이
무엇인지를 반드시 고려할 수 있어야 한다.

고객에게 낭비이면서 동시에 줄어들지 않는 것이 바로 '재고'일 것
이다. 재고 자체는 고객에게 아무런 가치도 만들어 내지 못한다. 그런
데도 기업들은 일정한 재고를 쌓아 두려고 한다. 이는 기업이 고객을
위해서가 아니라 자신들의 결품 위험을 회피하기 위해서 쌓아 두는 것
일 뿐이다.

재고를 갖고 있다는 것은 고객이 원하는 가치를 넘어서는 양의 상품을 생산한 것이다. 바꿔 말해 고객이 필요로 하지 않는 것을 생산하기 위해 노력을 쏟아 부었던 것이다. 조직으로서는 결품에 대비하기 위해 재고를 필요로 할지도 모르지만 고객에게는 아무런 의미가 없다. 오히려 그런 노력을 제품의 신기능 개발이나 고객을 위한 부가가치 개선을 위해 돌리는 것이 고객에게 더 많은 도움이 된다.

어떤 작업은 고객의 관점에서 볼 때 작업 자체가 낭비인 경우도 있다. 예를 들어 사내의 사전 교섭을 위해 상세한 자료 작성과 회의 등이 그런 경우에 해당한다. 이는 사내에서 기획에 대한 실행 승인을 얻기 위해서는 필요한 작업일지 모른다. 하지만 사전 교섭을 위한 일은 고객의 가치와는 아무런 관계가 없다. 조직을 위한 사전 교섭이 너무 많아 그것을 줄이기 위한 개선을 하는 것이 아니라, 사전 교섭 자체를 낭비라고 생각하는 풍토를 만드는 것이 고객 관점에서 바라보는 진정한 개선이다.

그런데 개선 활동이라고 하면 조직에 불필요한 것부터 찾기 시작한다. 조직의 관점에서 불필요한 일을 찾아내는 것은 쉬운 일이다. 하지만 쉬운 만큼 경쟁사도 쉽게 생각해 낼 수 있기 때문에 이는 결코 경쟁력 향상으로 이어지지 않는다. 또 개선 활동을 하고 있는데도 불구하고 실제로는 고객에게 아무런 도움이 되지 않는 경우도 있다.

그러나 조직에 필요하더라도 고객이 필요로 하지 않는 것을 찾아내 개선하는 것은 진정으로 고객을 지향하는 회사가 아니면 불가능하다. 또 고객을 위해 낭비를 줄이는 것은 단지 불필요한 원가를 줄임으로써 제품 가격을 인하하기 위한 것이 아니다. 목적이 그것이라면 끊임없이 낭비를 줄이기 위해 씨름하는 도요타자동차는 무제한으로 가격을 내릴 수 있었을 것이다. 그러나 실제로 그런 일은 일어나지 않고 있다. 최근에는 다른 자동차 제조업체들과 비교했을 때 도요타자동차는 오히려 비싼 편에 속한다.

불필요한 것을 줄이면서 높은 가격을 유지할 수 있는 이유는 불필요한 부분에 허비하던 노력을 고객을 위해 새로운 가치를 창조하고, 그것을 상품에 반영하는 데 투자하기 때문이다. 또한 원가 절감을 통해 얻어진 새로운 자원은 새로운 기능 개발로 돌림으로써 제품의 가격을 인상할 수도 있다.

이런 과정을 망각하고 단순히 가격 인하만을 생각하여 낭비를 줄인다면, 시장에서 가격 경쟁 소용돌이에 휘말릴 뿐이다. 낭비를 줄인 후까지를 생각하여 개선해야 비로소 조직은 경쟁력을 얻게 된다.

당연한 이야기이지만 새로운 가치 창조에도 고객이 우선이어야 한다. 고객이 진정으로 원하는 것을 추가하지 못하면, 시장에서 가격 인상은 통하지 않기 때문이다.

고객 관점에서 낭비 줄이기가 추구하는 최종 목표는 고객 가치 창조에 있다. 고객에게 가치가 없는 것(=고객 낭비)을 찾는 행동이 고객 가치를 추구하는 자세이다. 고객 가치를 인식할 수 없다면 고객 낭비를 찾아낼 수 없다. 낭비를 줄인 다음 거기서 얻어진 시간이나 돈으로부터 고객이 가치를 느낄 수 있는 것으로 되돌려 줌으로써 상품의 부가가치를 높이는 것이 시장에서 승리하는 비즈니스 모델이다.

그러나 이렇게 개선을 통해 얻어진 소중한 시간과 돈에 대해 고객이 전혀 가치를 느끼지 않는다면, 무엇을 위해 개선하고 낭비를 줄이려

했는지 알 수 없게 된다. 이는 낭비를 또 다른 의미의 낭비로 전환시킨 것이 될 뿐이다.

어떻게 하면 고객이 매력을 느끼는 가치를 창조할 수 있느냐가 기업의 경쟁력을 좌우한다. 고객 관점에서 낭비를 줄이는 노력이야말로 고객 가치 창조 능력을 높이는 유일한 방법이다.

도요타가 간판방식에서 필요한 때에, 필요한 물건을, 필요한 만큼만 만드는 이유는 고객에게 낭비인 잉여생산 능력(=재고)을 떠안게 하지 않고, 거기에 쏟을 노동력이나 자산으로 고객을 위한 새로운 가치를 창조하기 위해서이다. 이런 고객 지향의 자세를 취하지 않는다면 간판방식의 진정한 의미는 전혀 이해할 수 없을 것이다. 또 도요타방식을 도입하더라도 효과를 낼 수 없을 것이다.

스토어관리도 마찬가지다. 이는 모든 행동 기준을 고객 중심에 두고, 한정된 자원 안에서 고객이 가치를 느낄 수 있도록 하고, 고객에게 무의미하고 불필요한 행동을 찾아 개선을 모색하는 것이다. 낭비 줄이기의 기준이 고객 지향에 있다는 것을 이해하지 못하면 스토어관리는 아무런 효과도 내지 못한다.

3

행동의 DNA

도요타식 DNA의 두 번째는 '행동 DNA'다. 이는 현장에서 근무하는 사원 한 명 한 명이 해야 할 행동 원칙이다. 도요타식에는 그 원칙을 구체적으로 표현하는 키워드가 있는데 그것이 바로 '삼현주의'다.

삼현주의(三現主義)란 '현장(現場)', '현물(現物)', '현실(現實)'에 기반을 두고 행동하는 것이다. 책상 위에서 공론하는 것이 아니라 '현장'에서 '실제 상황(현물)'을 눈으로 직접 보면서 '현실'을 정확히 인식하는 것을 말한다.

현장에서 일어난 문제에 대처할 때 사실 파악과 대책을 입안하는데 있어서 과거의 경험이 효과적일 수도 있다. 하지만 악영향을 초래할 경우도 왕왕 생기기 때문에 사실을 100% 인식한 다음 과거의 경험을 살린다면, 경험만으로도 문제에 대처할 수도 있다.

그러나 항상 과거와 똑같은 원인과 형식으로 문제가 발생하지 않는다. 오히려 과거의 사례와는 전혀 다른 경우가 훨씬 더 많으며, 사실이 전해지는 동안 정보가 왜곡될 가능성도 종종 생긴다. 이 경우 경험만으로 대응한다면 문제를 해결하기는커녕 일을 망칠 수가 있다.

그러나 현장은 문제를 매우 명확히 보여 준다. 삼현주의는 주관이 아닌 실제 현장을 들여다보면서 객관적으로 판단하고, 사실에 근거하여 행동하는 습관을 들여야 한다는 것을 강조한다.

또한 삼현주의는 도요타식의 가치관이나 탈상식을 사원들에게 침투시키기 위한 수단이기도 하다. 삼현주의를 내세운 현장에서는 과거의 경험이라는 개인의 지식을 버리지 않으면 안 된다. 그러나 이것 역시 쉽게 이뤄지는 것은 아니다. 개인의 경험보다는 현장의 정보를 우선하는 가치관은 삼현주의에 근거하여 행동할 때 몸에 배이기 때문이다.

도요타식의 탈상식도 마찬가지다. 상식은 과거의 경험에서 비롯되는 것으로 상식에 사로잡히지 않는 행동이 바로 삼현주의다.

도요타에서는 경험으로 판단하는 것을 권장하지 않는다. 문제가 일어나면 항상 현장에 가서 판단을 위한 정확한 1차 정보를 얻는 것을 습관처럼 종업원 한 사람 한 사람이 갖도록 하고 있다. 이러한 곳이 바로 도요타식 행동의 DNA를 계승한 실제 현장이다.

스토어관리는 현장에 있는 사원들이 개선을 위해 활용하는 도구다. 현장에서 떨어진 곳에서 현장을 보지 않은 채 스토어관리를 도입해 봐야 업무의 문제와 이에 대한 개선점도 보이지 않는다.

게다가 스토어관리는 조직의 발전 수준에 따라 항상 최적의 것으로 변화해 나가는 것이다. 현장에 나가서 발전 수준을 직접 보지 않으면 스토어관리의 변화는 멈춘다. 게다가 오히려 스토어관리를 한다는 것이 현장 발전의 족쇄가 될 수도 있다. 현장의 정보를 사실 그대로 활용할 수 있어야 스토어관리를 성공시킬 수 있다.

개선 비화 · CCC21 : 21세기 가격경쟁력 달성 전략

도요타는 CCC21(Construction of Cost Competitiveness)이라는 활동으로, 2000년부터 3년 동안 원가를 30% 낮춰달라고 부품 제조업체에게 요청했다.

예전에도 매년 원가절감 요청이 있었지만, 그 비율을 크게 웃도는 원가절감 요청에 많은 부품 제조업체들이 골머리를 앓아야 했다. 하지만 곤혹스러워하는 많은 기업들 가운데 어떤 부품 제조업체의 경영자는 이 CCC21을 비즈니스의 기회라고 생각하며 개선에 돌입했다.

그는 왜 원가절감 요청을 비즈니스 기회라고 생각했을까? 매출이 줄어들고 이익이 나던 것이 적자로 돌아설 가능성이 있음에도 불구하고 말이다. 하지만 이런 상황을 비즈니스 기회라고 보는 감각도 도요타 식이라고 할 수 있다.

당시에 이 기업은 도요타는 틀림없이 2005년까지 50% 절감을 요구해 올 것이라고 예상했다. 그렇기 때문에 지금까지의 연장선에서 개선하는 방법이 아닌 보다 더 과감한 개선이 필요하다고 생각했다.

이 경영자는 공정 자체를 없애야 한다고 판단했다. 이 부품 제조업체의 제품은 다이케스팅(금속제의 정밀한 주형 안에 액체 알루미늄 합금을 압력을 가해 흘려 넣어 주조하는 방법) → 기계 가공 → 조립이라는 프로세스로 생산되고 있었다.

제품에는 원자제가 필요하므로 다이케스팅 작업을 없애는 것은 불가능했다. 또한 생산 제품이 다양한 부품의 집합체이므로 조립 과정을 없앨 수도 없었다. 따라서 이 경영자는 기계로 가공하는 공정을 없애야겠다고 판단했다. 갑자기 다이케스팅에서 곧바로 조립 프로세스로 넘어가는 것은 매우 모험적인 발상이었다. 바로 이 부분이 상식에 얽매이지 않는 도요타의 DNA가 발휘된 부분이다. 지식이나 경험으로 얽매이는 것이 아니라 실제로 만들어 보고 현지 현물 사고로 개선을 반복해 가는 스타일이다.

기계의 정밀도가 좋지 않은 다이케스팅 상태를 그대로 조립하는 설계는 당연히 1개의 부품 제조업체만으로는 실현할 수 없었으며, 자동차 제조업체인 도요타의 협력이 있어야만 가능했다. 상식에 얽매이지 않는 도요타는 이 새로운 아이디어를 채택해 주었다.

1년 후, 이 부품 가공 방법은 완성되었고, 1년 이상 앞당겨서 도요타의 원가절감 요청에 부응할 수 있었다. 큰 비즈니스 기회는 이렇게 실현되는 것이다.

이 부품 제조업체가 가공 부품을 다른 자동차 제조업체에 팔러 갔을 때의 일이다. 처음에는 '이렇게 비상식적으로 만든 부품은 사용할 수 없다'고 거절당했다. 하지만 '도요타에서 사용하고 있습니다'라고 한마디를 하자 즉시 사용 검토를 해 주었고 날개 돋친 듯이 팔려 나갔다. 도요타가 사용한다는 사실은 세계 최고의 품질임을 보증해 주기 때문이다.

이렇게 기계 가공을 없앤 부품은 자동차 완성업체의 협력 없이는 결코 개발할 수 없기 때문에 쉽게 다른 제조업체들이 흉내 낼 수도 없다. 이 부품 제조업체는 세계적으로 경쟁력이 있는 부품을 손에 넣었을 뿐만 아니라 세계 시장에서 점유율을 획기적으로 늘릴 수 있었다.

결과적으로 도요타의 CCC21 활동은 원가절감 요청으로 부품 제조업체를 어렵게 하기는커녕, 세계 최강의 부품 제조업체를 길러낸 원동력이 되었다.

4 관점의 DNA

생산성과 품질의 저해가 편차의 요인이다

도요타식의 본질은 '탈상식'이다. 이것은 타사가 비상식이라고 회피하는 것을 상식으로 생각하는 자세다. 즉, 탈상식을 위해서는 사물에 대한 견해를 근본적으로 바꾸는 사고의 유연성이 필요하다.

도요타식 DNA의 세 번째는 바로 '관점의 DNA'다. 도요타식의 독특한 관점이 요구되는 또 하나가 생산에 필요한 시간 등의 편차다. 도요타식이 편차에 주목한 것은 편차의 존재가 생산성 향상의 저해 요인이 된다고 파악했기 때문이다.

같은 작업이라도 어떤 때는 60초에 끝나고, 또 어떤 때는 80초에 끝나는 등 시간적인 편차가 있었다. 이는 작업 환경에 따라 변하기도 하며, 담당자에 따라서도 달라지기도 한다.

도요타식에서는 이런 편차를 줄이기 위해 편차를 '기술 영역'과

'관리 영역'으로 나눠서 생각한다. 기술 영역이란 기법이나 설비 등과 관련된 편차인데 비해, 관리 영역은 사람이나 작업에 관련된 편차다. 실제로 편차의 대부분은 이 관리 영역에서 일어난다. 실제 관리 영역의 편차 폭은 최소 ±30%였으며, 그중에는 100%에 달하는 경우도 있었다.

관리 영역의 편차는 사람의 작업 낭비에서 발생한다. 예를 들면 작업을 구상하는 시간이나 방법을 찾는 시간 등을 들 수 있다. 개선 활동을 통해 이런 관리 영역의 편차를 낳는 낭비를 제거하고, 그런 다음 기술 영역의 낭비도 개선했다.

도요타식에서는 이런 편차를 생산성 향상의 저해 요인으로 생각하는데 그 이유로는 두 가지를 들 수 있다. 하나는 편차가 있는 상태에서 개선 활동을 실행하면 개선에 따른 생산성이 향상되어도 그 향상이 편차 때문에 묻혀 버릴 수 있다. 이러면 개선에 따른 효과인지 아닌지를 검증할 수가 없다.

관리 영역의 편차를 먼저 없애는 이유는 관리 영역보다 상대적으로 편차가 적은 기술영역을 먼저 개선하더라도, 관리 영역의 큰 편차가 기술 영역의 개선 효과를 반감시킬 수 있기 때문이다. 또 효과를 검증할 수 없는 상태에서 개선을 실행하면, 작업이 더 복잡해질 가능성이 있다.

또 하나의 이유는 편차 줄이기가 사원의 업무 숙련도 향상에도 효과적이기 때문이다. 특히 관리 영역의 편차는 작업 구상이나 필요한 정보 탐색 등, 대부분 사원의 판단이나 조사를 필요로 하는 것에서 비롯

된다. 이 같은 판단이나 조사를 작업과 병행하기 때문에 작업 과정이 복잡해지는 것이다.

작업을 복잡하게 하는 판단이나 조사 즉, 편차를 일으키는 요인을 없애면 작업은 간단해지며, 사원들의 업무 속도와 완성도는 더욱 향상된다. 그 결과 작업의 품질도 향상되고 고품질 체질의 현장이 되는 것이다.

낭비를 줄임으로써 편차가 없어지고 작업이 안정되면, 그 다음으로는 작업 방법을 언제 누구라도 실행할 수 있도록 해 둘 필요가 있다. 그래서 편차 줄이기와 병행하는 것이 작업의 '표준화'이다.

표준화는 지혜의 공유화 수단이다

'표준화'라고 하면, 그 목적이 작업의 '획일화'인 것처럼 들리기 쉽지만 실제는 그렇지 않다. 오히려 표준화를 '지혜의 공유화' 수단으로 의미를 부여하는 것이 도요타식의 관점이다.

표준화는 현장에 있는 사원이나 선배의 지혜를 축적하여 남기는 것이 목적이다. 이를 고려하지 않고 동일한 작업을 전체에게 강요하는 획일화는 사원들의 상상력을 제한하는 결과를 초래해 자칫 로봇을 양산할 수 있으며 자율적인 개선을 할 수 없게 만든다.

도요타식의 표준화에서는 사원 한 사람이 발견한 아이디어를 서로가 가르치고 배운다. 이렇게 하면 다양한 아이디어를 사원 모두가 흡수하고 소화할 수 있게 된다. 예를 들어 3명으로 구성된 작업 팀에서 한 사람이 한 가지씩 지혜를 짜내는 것만으로는 팀 전체에서 3가지의 지혜를 짜낼 수밖에 없다. 하지만 표준화를 통해 지혜를 공유한다면 한 사람이 다른 두 사람으로부터 지혜를 얻음으로써 한 사람이 3가지의 지혜를 흡수할 수 있다. 이렇게 되면 3가지의 지혜를 가진 사원이 팀에 3명이 있으므로 팀 전체로는 9가지의 지혜를 얻을 수 있다. 이렇게 지혜의 수를 늘리는 것이 표준화의 효과이다.

특히 사무 현장의 경우는 각각의 사원이 담당하는 업무는 해당 사원만이 알고 있는 경우가 많다. 이 때문에 각각의 업무 진행 상태나 중요성, 긴급함을 알 수 없으며, 지원의 필요 여부에 대해서도 알 수가 없

▶ 표준화로 지혜를 공유

관점의 DNA : 표준화로 지혜를 공유한다

표준화의 목적은 공유하는 것
- 선배의 지혜를 표준화하여 후배 사원에게 전한다.
- 개인의 지혜를 조직 전체에서 공유한다.

1+1+1=3   1+1+1=9

다. 그러나 업무의 진행 상태를 볼 수 있게 하는 스토어관리는 작업 진행 방법을 표준화하고, 사원들이 지혜를 공유할 수 있게 하는 기능을 갖고 있다.

:: 함정 ● 표준화가 개선을 막는다

도요타식 관리 및 개선 이야기를 할 때면 반드시 질문하는 것이 표준화에 관한 이야기다. 즉, 작업을 표준화하면 누구든 같은 품질과 생산성으로 제품을 만들 수 있다는 것이 도요타의 방식이라고 하자. 한편 스스로 생각하고 스스로 행동하는 인재를 육성하고, 개선을 통해 표준 작업을 변화시킨다면, 표준 작업을 지키지 않는 사람도 나오기 마련이다. 그런데 현장을 개선한다는 것이 이상하지 않는가?라는 질문이나 의견이 제기된다. 하지만 상자를 올리고 내리는 것까지 세세하게 동작을 규정하는 것이 표준화의 의미는 아니다.

물론 표준 작업임을 내세워 함부로 작업자의 작업 방식을 규제하는 사람이 있을 수 있다. 그러나 이런 사고방식을 가지고 있는 관리자 밑에서는 현장 레벨에서의 개선은 절대로 이뤄지지 않는다. 이 경우에는 표준화가 개선을 방해하고 만다. 개선을 하는 것이 표준화 작업을 무너뜨리고 나쁜 상황을 초래한다. 따라서 표준화의 목적과 개선의 관계를 확실히 인식한 다음에 임할 필요가 있다.

흐름의 관점으로 작업 상황을 파악한다

　도요타식에서는 하나하나의 작업을 분석해서 바라보는 것이 아니라, 전체의 프로세스로 크게 바라보는 관점을 요구한다. 그 전형이 '재고'에 관한 생각이다. 도요타식에서는 프로세스 전체를 조망하여 재고가 리드타임을 좌우한다는 '재고＝리드타임(Lead Time : 생산으로부터 판매에 걸리는 시간)'이라는 견해가 가능해진다.

　도요타식에서는 재고를 결품이 발생하는 이유로 파악한다고 앞에서 언급했다. 재고만으로 제품 흐름의 속도를 조절하려 하기 때문에 재고를 초과하는 주문에는 대응하지 못하고 결품이 일어난다고 하는 생각이다.

　이런 생각을 이해하려면 '리드타임'과 '납기'가 명확히 다르다는 것을 이해해야 한다.

　상품을 만드는 데 필요한 리드타임과, 수주를 받고 나서 납품하기까지의 기간을 같은 것이라고 생각하는 사람들이 많다. 그러나 실제로 생산 활동을 하고 있는 실제적인 시간 즉, 순수한 리드타임은 납기보다 매우 짧다. 그럼에도 불구하고 양자가 동일한 관계로 보이는 것은 양자의 차이를 재고에 따른 속도 조정으로 보지 않기 때문이다.

　속도 조정은 전체 공정 중에서 어딘가 작업 진행이 느린 부분이 있기 때문에 이뤄진다. 이 느린 부분에서는 전 공정에서 온 제품이 재공품으로 체류하고, 후 공정에서는 손을 멈추고 기다려야 한다. 즉, 전체 공정 중에서 물건이 재공 상태의 시간과 사원이 할 일이 없는 대기 시간이 생기는 것이다. 바꿔 말해 물건이나 사람의 '대기 시간'이 많아지는 것이다. 생산에 필요한 실제 리드타임은 공정 중에서 '기다리는 시간'을 제외한 것을 말한다.

이는 사무 현장의 경우도 마찬가지다. 예를 들어 서류 결재의 흐름 중 어딘가에서 진행이 느려지는 병목현상이 발생했다고 하자. 이때 흐름에서 밀려 있는 서류가 결재될 때까지, 아무 업무도 할 수 없는 사람에게는 처리 대기 시간이 발생한다.

오히려 이러한 대기 시간이 작업 그 자체 시간이나, 사무 현장에서 서류 결재일 경우 내용을 파악하는 시간이 보다 많이 소요된다. 실제로 이런 대기 시간이 리드타임의 70~90%를 차지한다. 이러한 사원의 대기 시간을 줄이는 개선이야말로 전체 리드타임을 단축하는 데 있어서 가장 효과적이다.

또한 리드타임 중에서 대기 시간을 제거하여 작업에 필요한 순수한 시간만을 남긴다면 일정을 짜기도 쉬워진다. 또한 납기 때까지 어떤 시점에서 작업할 것인가에 대한 선택 기회가 늘어나기 때문에 경영 환경 변화에도 대응하기 쉬워진다.

그러나 '리드타임의 단축'이라고 할 경우, 대부분의 사람들은 개개의 작업 분석에 따른 시간 단축을 생각한다. 물론 그것도 리드타임 단축으로 연결되지만, 노력에 비해 개선의 효과는 크지 않다. 원래 전체 리드타임 중에서 작업 시간이 차지하는 비중은 크지 않으며, 단축할 수 있는 여지도 그다지 크지 않다.

한편 리드타임의 대부분을 차지하는 대기 시간은 구조에 따라 궁극적으로는 아주 없앨 수 있다. 이 때문에 개선의 노력이 결실을 맺기가 쉽다. 전체 프로세스를 바라보고 리드타임을 단축할 수 있는 곳이 어디인지, 지금까지의 발상을 전환하여, 가장 효과적인 방법을 찾아내려는 것이 도요타식 관점의 DNA다. 스토어관리는 리드타임이 무엇으로 구성되는지를 명백히 하기 위해, 지금까지와는 다른 관점에서 리드타임을 바라보게 해 준다.

프로세스 전체를 바라보고 최적화하려면 '정류화(整流化 ; 복잡한 흐름을 간결하게 정돈시킨 것)'라는 사고방식을 빠뜨릴 수 없다. 정류화란 공정별로 처리 능력을 갖추고 물건과 정보가 막힘없이 정체하지 않고 흐르게 하는 것이다. 공정별로 처리 능력에 차이가 있으면 처리 능력이 높은 곳에서는 자원이 남아돌고, 낮은 곳에서는 재고나 처리대기 작업을 떠안게 된다. 둘 다 전체적인 생산성 향상에는 도움이 안 되는 장해일 뿐이다.

정류화를 실현하려면 제작 중인 제품이나 처리 대기 작업의 체류가 어디서 발생하는지, 어디에 처리 능력이 남아도는지를 찾아내야 한다. 동시에 처리 능력이 높은 곳에서 낮은 곳으로 자원을 전환하는 노력이 필요하다. 이렇게 하면 작업 전체의 흐름을 한눈에 볼 수 있다. 또 각 공정 간의 조정을 행하는 스토어관리는 정류화에 큰 힘을 발휘한다.

원가를 절감하기 위해 생산성을 높이려는 개선에 대해서는 누구라도 이해를 할 수가 있다. 그러나 리드타임의 단축을 위한 개선의 의미나 목적은 좀처럼 이해하기 쉽지 않다. 리드타임을 단축해도 품질이 좋아지지 않거나, 생산성이 높아진다고는 생각하지 않기 때문이다. 그러나 리드타임을 개선하면 생산성이 높아지는 게 바로 보인다.

어떤 회사에서 표준 납기일을 5일로 정해 두고 진행하는 작업이 있었다. 그 일의 실제 리드타임은 작업을 지시하고 일을 완성하기까지 평균 4일이 걸렸다. 표준 납기일이 5일이므로 리드타임은 충분하다. 그러나 납기 지연이 계속되고 있었다. 이 때문에 납기를 맞추려고 자주 밤늦게까지 잔업을 해야만 했다.

그런데 이 회사가 도요타식의 정류화 개선을 통해서, 작업 지시를 내리고 완성하기까지의 리드타임을 1일로 단축했다. 공정 간의 정체를 모두 없애기 위해 지시한 후에 완성하기까지 '한 번에 통과'로 작업을 했던 것이다. 공정 사이의 정체를 없앴을 뿐, 전체의 작업 시간은 개선 전과 크게 변하지 않았고, 생산성 역시 변하지 않았다. 그러나 리드타임이 1일로 줄어들자 납기 지연이 사라졌고 덩달아 생산성도 높아졌다.

그전까지는 표준납기 5일에 대해 리드타임이 4일이었기 때문에 수주한 당일, 또는 다음 날에는 작업 지시를 내려야 했다. 이때는 아무리 바빠도 일을 시작해야 한다. 당연히 분주하기 때문에 밤늦게까지 잔업해도 납기를 어기는 경우가 많았다.

리드타임이 1일로 줄어들면 표준 납기일인 5일 중 어디에서 일을 투입해도 기간을 맞출 수 있다. 바쁠 때를 피해서 작업 양이 적을 때 일을 시작하면 되는 것이다. 이렇게 되면 바쁠 때와 한가할 때의 차이가 거의 없어지고, 불필요한 잔업을 하지 않아도 된다. 작업 양이 너무 많아 납기를 맞출 수 없는 경우도 사라지고, 납기 지연도 급격히 줄어든다. 잔업을 하지 않아도 되기 때문에 당연히 생산성도 높아진다.

5

개선의 DNA

TOYOTA **개선이란 시도를 먼저하고 그 다음 생각하는 것이다**

네 번째의 도요타식 DNA인 '개선의 DNA'는 말 그대로 개선 활동 스타일이다. 이것은 사원 한 사람 한 사람이 낭비가 되는 것을 끊임없이 찾아내어 더욱 좋은 방법은 없는지 모색하는 자세를 말한다. 이런 자세는 과거의 성공 경험에서 탈피하려는 도요타식의 '탈상식'을 실현하는 데 있어서 매우 중요한 요소다.

개선의 DNA를 계승하기 위해서는 중요한 두 가지 핵심 사안이 있다. 하나는 개선의 실행력을 현장에서 몸에 익히는 것, 또 하나는 개선의 속도를 의식하는 것이다.

개선의 실행력이란 좋은 생각을 먼저 시도해 보고 그런 다음에 방법을 모색하는 습관이다. 중요한 것은 그런 행동을 허용할 수 있는 현장이나 관리자의 환경이 필요하다는 것이다. 개선의 실행을 방해하는 과거의 성공 경험이나 비판이 여기서는 전혀 필요하지 않다.

도요타식 개선의 DNA를 계승한 한 공장을 예로 들어보자. 한 작업자가 생산 라인의 작업대가 너무 낮다고 느끼고, 그것 때문에 업무 효율이 떨어진다고 생각한다. 그러면 작업자는 테이프나 골판지 등 주변에 방치되어 있는 소재를 이용하여 즉석에서 간단한 작업대를 만든다. 그런 다음 정말로 작업하기가 쉬워졌는지를 실제로 시험해 본다.

그렇다면 개선의 DNA가 없는 현장에서의 개선은 어떻게 될까? 그 작업자는 며칠 동안 생각한 뒤에 관리자에게 작업대에 대한 제안을 올릴 것이다. 관리자는 작업대가 효과적인지를 검증하기 위해 비용 견적을 고려하고, 업자를 선정하여 채택 절차를 밟은 뒤에야 제안을 실행할 것이다. 작업자가 개선해야겠다고 생각했을 때 먼저 작업대를 만들어 시도해 보는 도요타식의 DNA를 가진 현장과는 대응 속도와 방법이 현저하게 다르다.

도요타식에서는 현장의 스태프 한 사람 한 사람이 개선에 임하기 때문에 개선이 뿌리내리기 쉬운 장점도 있다. 관리자가 생각해서 상명하달식으로 진행하는 개선이 아니라, 현장에 있는 사원 한 사람 한 사람이 스스로 생각해 낸 개선이기 때문에 바로 현장에서 실현된다.

이렇듯 현장이 적극적인 상태가 되면 효과적인 개선 내용일 경우 즉시 실행이 가능해진다. 현장을 중시하는 이런 방식은 앞서 언급한 도요타식의 삼현주의와도 그 맥락을 같이 한다.

개중에는 '개선 방법을 차근차근 검증하지도 않은 채 실행해도 좋은가?'라고 반문하는 사람들도 있다. 물론, 떠오르는 생각을 즉시 실행하는 것이 역효과를 낳을 가능성도 있다. 그렇게 때문에 개선의 DNA의 또 다른 핵심 포인트인 '속도'가 중요해진다.

도요타식의 개선은 '탈상식'이다. 즉, 종래의 연장선에 없는 개선에 임하는 것이다. 그것은 이해할 수 없는 것, 경험해 본 적이 없는 일에 대한 도전이기도 하다. 이를 위해서는 '시도해 보고 나서 생각한다.' 다시 말해, 체험을 통해 이해하는 유형이 아니면 탈상식은 이루어지지 않는다는 것이다.

도요타식에서는 좋다고 판단되는 것은 즉시 시도해도 된다. 그렇게 함으로써 현장에서 실제적인 과제가 무엇인지 인식하고, 그것을 해결하기 위한 행동을 한다. 몰라서, 또는 경험이 없어서 이해할 수 있을 때까지 공부하고 준비한 다음, 행동을 시작한다면 결코 현상을 타개할 수 없다. '돌다리도 두드려 보면서 개선한 뒤에 건넌다'가 아니라 '돌다리를 건너면서 두드리고 개선하면서 건너는' 것이다.

:: 함정 ● 모든 것을 확인하면서 개선한다

개선이란 지금까지와는 다른 일을 하는 것이다. 당연히 경험하지 않았던 것을 시도하는 것이므로 모든 일에 있어서 신중하게 된다. 또한 현재 잘 되고 있는 것에 일부러 손을 대서 문제를 일으키고 싶어 하지 않는다. 개선이 아니라 개악을 두려워하는 것이다.

새로운 방식을 적용할 때 누구든 신중히 고려하여 준비하고, 만전을 기한 후에 임하고 싶어 한다. 그래서 자신이 이해 가능한 것, 경험한 것만을 하게 된다. 즉, 이해할 수 없는 것, 경험해 보지 않은 것에 대한 변경은 시도하지 않게 된다. 그러나 이런 자세로는 결코 현상을 타파할 수 있는 개선을 이뤄낼 수 없다. 겨우 종래의 연장선에서의 개선만 이뤄 낼 뿐이다. 이 정도의 개선은 다른 기업도 생각할 수 있고 금방 실행할 수 있기 때문에 경쟁력은 생기지 않는다.

▶ 먼저 해보고 생각하기

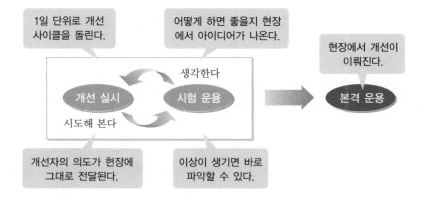

개선 스피드는 하룻밤에도 바꿀 수 있다

개선에는 으레 레이아웃의 변경이 따르기 마련이다. 도요타식의 개선을 실천하는 조직에서는 수백 킬로그램의 생산 설비라도 하룻밤에 배치 장소를 변경할 수 있다. 10센티미터를 이동하여 작업하기가 좋아질 것 같다면, 그날 밤에 이동시켜 다음 날 일해 보고 좋아졌는지를 평가한다. 모자라거나 너무 나아갔다고 생각되면 다시 고친다. 시도해 보고 사실에 근거하며 확인한다. 개선을 반복하려면 이처럼 속도가 생명이다.

대부분의 일본 회사들은 설비 레이아웃을 변경하려면 '신년 연휴', '5월의 황금연휴', '추석 연휴' 등, 년 3회의 장기휴가 때에만 실시한다. 시도해 보고 조합이 맞지 않아도 고칠 수 없게끔 회사 자체에서 일정을 짜는 것이다. 단 한 번으로 승부를 보려는 것이다. 물론 실시하기 전에 면밀한 조사와 검토를 하지만 그래도 예상을 벗어나는 상황은 반드시 일어나기 마련이다. 도요타식의 개선을 실천하는 조직은 1주일에 다른 회사의 1년분에 해당하는 양의 변경을 시도한다. 이렇게 해서 현장에 적합한, 가장 좋은 개선을 이뤄 내는 것이다.

시도해 보고도 문제가 개선되지 않으면 거기서 바로 원점으로 돌아가 새로운 개선 방법을 모색하면 된다. 테이프와 골판지로 만든 작업대가 높이가 맞지 않는다고 생각되면 골판지를 덧붙이거나 가위로 잘라서 조정하면 된다. 높이가 맞지 않다고 생각만 하고 개선을 멈추면 안 된다. 하루 동안에도 몇 번이고 개선을 반복하는 동안 최선의 해결책이 생각날 수도 있다.

개선에는 '정답'이 없다. 항상 '더 좋은 것'을 추구하기 위해 개선을 반복할 뿐이다. 첫 번째의 개선보다 두 번째, 두 번째의 개선보다 세 번째의 개선이 좋아지는 것은 틀림없다. 예를 들어 세 번째 개선이 첫 번째 상태로 돌려져야 하는 상황이 되더라도 처음보다 개선의 수준은 오르게 된다.

최선의 수단을 찾으면 그것을 본격적으로 도입하고 수직적 전개를 모색해야 한다. 작업대를 예로 들자면, 현장에서 맞춤 제작한 작업대를 몇 번이고 시험해 보면서 최적의 작업대의 높이를 알게 되면, 거기서 비로소 높이에 맞는 제대로 된 작업대를 도입하는 것이다. 또한 작업대 전체를 조정하거나 마루의 높이 등을 조절할 수도 있다.

개선의 실천과 시행 운용을 반복하려는 의식이 없으면 적절한 높이를 생각해 보지도 않은 채 돈을 들여 작업대를 도입할 수 있다. 심지어는 사용하기가 어렵다고 느끼기만 할 뿐 해결하려고 노력하지 않는 경우도 있다. 이는 투자의 낭비일 뿐 아니라 애초에 작업대 개선의 필요성을 느꼈던 사원의 의욕까지 꺾어 결과적으로 전사적인 개선 활동에 지장을 초래한다.

개선에는 투자가 필요하기 때문에 결과를 미리 검증하고 싶은 것도 당연한 심리다. 그러나 검증을 위해 시간을 들여 개선하는 것이 아니라 임시 형태로라도 시도해 보고, 운용이나 수정을 몇 번이고 반복하면서 개선 효과를 극대화해야 한다. 게다가 이런 이상형을 '표준'으로 한 다음, 일상적으로 차이나 개선 부분을 찾아내고, 또 다시 다음 개선점을 찾아내는 것이 도요타식의 개선이다.

스토어관리도 이렇게 '일단 시도해 본다'는 실행력과 시행을 반복하는 습관이 현장에 있다는 것을 전제로 한 시스템이다. 스토어관리로 파악된 문제점에 대해 개선 방법이 효과적인지를 책상 위에서 검증하기 전에 먼저 실행을 해보는 것이다. 현장에 있는 물건으로 임시로 만들어 사용해도 상관없다.

실행한 뒤에 그 방법의 옳고 그름을 몇 번이고 PDCA(Plan ; 계획 → Do ; 시도 → Check ; 확인 → Action ; 실행)의 사이클을 반복하면서 제대로 개선해 나가면 된다. 이 같은 실행력과 속도는 스토어관리에서 업무를 개선해 나가기 위해 반드시 필요하고 중요한 요소이다.

6

관리의 DNA

행동과 결과의 연계성을 관리하자

　　다섯 번째의 도요타식 DNA는 '관리의 DNA'다. 이는 행동과 결과의 연결을 명확히 하고 이상 부분이나 징후를 한시라도 빨리 인지하여 신속히 다음 행동을 일으키는 PDCA 사이클을 돌리는 관리를 의미한다. 문제가 발생한 뒤에 행동하는 사후약방문식(사람이 죽은 뒤 약을 짓는다는 의밀로 일을 그르친 뒤 뉘우쳐야 소용없다는 뜻)의 PDCA여서는 안 된다. 일이 생겨서 결과가 나오기 전 즉, 목표 미달에 이르기 전에 이상 징후를 인지하여 미달된 채로 끝나지 않도록 예방해야 한다. 이 같은 관리를 실행하려면 결과로 이어질 행동을 선택하고, 그 행동이 적절할 뿐 아니라 유효하게 행해지고 있는지를 감시하고 실행하는 관리가 필요하다.

　　이러한 관리는 행동과 결과의 관련성(=연쇄)을 명확히 하는 것에서 시작된다. 예를 들어 영업 부문에서 매출 관리를 할 경우, 매출 목표를 제시하면서 '열심히 하라'고 말한 후에 목표를 달성하지 못하면 꾸짖는 경우가 많다. 열심히 하는 것만으로 결과를 내라고 요구하고 결과를 내지 못하면 개인의 능력 부족이라고 단정한다. 이렇게 조직은 지시와 결과에 대한 관리만을 할 뿐, 결과를 내기 위한 행동은 관리하지 않는다.

▶ 눈으로 보는 관리

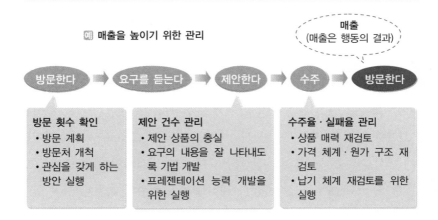

관리 DNA : 눈으로 보는 관리

이상(異常)을 보이게 해라 : 정상이라면 관리는 필요 없다.
－ 행동과 결과의 연결고리를 명확화한다.
－ 관찰하여 이상을 발견하고 행동을 취한다.
－ 안심하기 위한 감시는 필요하지 않다.

예 매출을 높이기 위한 관리

매출
(매출은 행동의 결과)

방문한다 ➡ 요구를 듣는다 ➡ 제안한다 ➡ 수주 ➡ 방문한다

방문 횟수 확인
• 방문 계획
• 방문처 개척
• 관심을 갖게 하는 방안 실행

제안 건수 관리
• 제안 상품의 충실
• 요구의 내용을 잘 나타내도록 기법 개발
• 프레젠테이션 능력 개발을 위한 실행

수주율 · 실패율 관리
• 상품 매력 재검토
• 가격 체계 · 원가 구조 재검토
• 납기 체계 재검토를 위한 실행

좋은 결과는 좋은 행동에서 나온다. 좋은 행동을 하도록 하기 위해 조직은 결과와 행동이 잘 연계되도록 관리해야 한다. 어떤 행동을 해야 좋은 결과를 낼 수 있는지 다양한 사례를 분석하고 선배의 지혜를 결집하고 실천을 해야 한다. 그러면 연쇄적으로 좋은 결과를 낼 수 있다.

잘못된 상태를 눈으로 확인해 관리하자

좋은 결과를 낳는 올바른 행동 방안을 이끌어 내도 그것을 실천하지 않으면 아무 의미가 없다. 또한 좋은 행동 방법은 고객의 다양화와 경쟁 환경 속에서 끊임없이 변해 간다. 보편적으로 좋은 행동 따위는 없다. 좋은 결과를 낳는 행동을 실천하려면 행동의 이상(異常), 그리고 결과와 행동의 연동성에 있어서의 이상(異常)을 끊임없이 확인해야 한다. 이것이 문제를 시각화하는 것이다.

관리의 시각화는 매출에 도달하기까지의 각 프로세스의 핵심적인 행동, 즉 고객을 방문하는 횟수나 제안 건수 등 매출 신장으로 이어지는 행동의 적절성과 결과의 연동성을 확인해야 한다. 또 어떤 결함이 발생한다면 즉시 행동으로 옮겨 문제점을 수정하고 매출 목표를 달성하게 한다.

행동의 이상 징후로 방문 횟수가 늘어나지 않는다면 거래처를 개척하고, 약속을 잡고 판촉 활동을 전개해야 한다. 또 제안 건수가 줄어들고 있다면 고객의 요구를 발굴하기 위한 도구를 확충하거나 제안 기법에 변화를 주는 등 매출을 신장시킬 수 있는 핵심적인 행동 방법을 보충할 수 있는 방법을 전개해야 한다. 행동과 결과 연동성의 이상 징후라고 할 수 있는 방문 수나 제안 건수 및 매출의 비연동 현상이 눈에 보이게 되면, 거래처의 선정, 제안 상품이나 서비스에 대한 장점, 가격 설정에 대한 검토를 통해 매출을 높일 수 있는 행동 방법의 재구축을 해야 한다.

관리지표란 지향하는 목표를 시각화한 것이다

이상(異常) 징후란 무엇일까? 이 말은 조직이 지향하는 것(목적)과 실제 사이의 차이를 뜻한다. 이 차이를 메우는 행위가 개선이다. 문제가 있는데도 그것을 어떻게, 또 어느 정도 해결하면 좋을지, 또 해결된 후의 목표 상태나 모습을 모른다면 개선은 불가능하다.

문제가 되는 이상 상황을 눈에 보이게 하려면 작업 내용에 대해 '목적의 시각화'를 해야 한다. 즉 '지향하는 목표의 시각화'를 통해 현실과의 차이를 모두가 이해할 수 있게 해야 한다.

지속적인 개선을 이루기 위해서는 지향하는 최종 목적이나 목표를 향해 행동하는, '목적과 부합되는 행동'을 촉진할 필요가 있다. 단순히 감성적으로 '어디 어디가 나쁘다'라든지, '무엇에 문제가 있다'고 표현한다고 해서 개선을 위한 행동이 일어나지 않는다. 어느 정도 나쁘고, 어느 정도 잘 하면 좋을지, 이상 정도를 구체적으로 측정하고 이해할 수 있어야 한다.

6개월 후의 매출을 30% 정도 올리라고 지시해도 담당자는 무엇을 어떻게 해야 할지 모를 경우가 많다. 같은 이유로 고객을 자주 찾아가라고 지시해도 즉시 발을 떼기가 어렵다. 매출 신장에 기여하는 행동이 고객 방문이라는 사실을 알고 있다면, 매출을 30% 정도 신장시키려면 고객 방문 횟수도 최소한 30% 정도는 늘려야 한다.

그렇다면 처음 1개월 동안은 방문을 30% 정도 늘리기 위해, 새로운 거래처를 조사하고 목록을 작성해야 한다. 그런 다음 2개월째부터 6개월째까지의 5개월 동안, 방문 횟수를 매달 6%씩 늘려나가면 된다.

2개월째에 6% 이상 방문 횟수를 늘리려고 했지만, 문제가 발생하여 2%밖에 늘리지 못한 상황이 발생했다고 하자. 그러면 문제를 해결하고 다음 달부터는 7% 이상 방문할 수 있도록 개선하면 예정대로 매출을 30% 올릴 수 있게 된다.

이렇게 올바른 행동을 지속적으로 실행하는지 측정할 수 있게 하고, 문제를 객관적으로 이해할 수 있게 해야 한다. 그런 다음 개선을 통해 어느 정도 만회해야 하는지를 이해할 수 있도록 행동의 적절성을 측정하는 관리 지표를 명확히 해야 한다. 이 관리 지표로 지향하는 목표가 현실화되고 있는지를 측정할 수 있는 '목표치'를 설정하는 것이다.

도요타식 DNA를 도입한 생산현장에서는 작업이 예정대로(지향하는 목표) 진행되고 있는지를 알 수 있는 안돈이 있다. 이 안돈에는 하루의 생산 목표를 달성하는 데 필요한 생산 속도와 실제의 생산량이 실시간으로 표시된다. 실제 생산량이 목표보다 밑돌고 있으면 어딘가에 목표 달성을 방해하는 요소가 존재한다는 것이다.

안돈에는 예정과 실적이 비교되도록 실시간으로 표기되기 때문에 하루의 작업이 끝난 뒤에나 목표 미달을 알게 되는 경우는 없다. 또한 결함의 조짐이 나타나기 시작한 단계에서 바로 알 수 있기 때문에 작업 과정 속에서 실시간으로 신속하게 대응할 수 있다.

사무 현장의 경우는 스토어관리를 통해 '처리 대기'의 카드 수가 처리 완료로 이동하는 속도를 보고 안돈과 같이 이상를 '눈으로 보는 관리'를 제공해 준다. 처리 완료 카드 수가 계획보다 늦게 되면 이상이 발생한 것이다. 이럴 경우에는 잔업 여부나 작업 계획의 재검토, 지원 요청 등의 판단을 내려야 한다.

어쨌든 이러한 업무의 시각화는 단지 보이게 하는 것만으로는 의미가 없다. 시각화는 관리를 쉽게 하기 위한 것이다. 누가 봐도 일목요연하게 알 수 있는 지표를 만들어 관리자뿐만 아니라 현장에서 일하는 사원 모두가 현상을 공유할 수 있어야 한다.

개선의 DNA를 계승하는 사원들은 시각화를 통해 제기된 부각된 과제에 대해 즉시 개선을 실행하려 할 것이다. 이처럼 현장 개선 능력을 이끌어 내기 위해 빠뜨려서는 안 될 것이 스토어관리에 의한 '시각화'이다.

다음 장에서는 다양한 스토어관리 기법이 조직의 어떤 과제를 해결해 주는지 구체적인 효과를 알아보도록 하자.

지난 20세기 전반에는 컨베이어
에 의한 계획적인 대량 생산방식인 '포드 시
스템'이 세계 산업을 지배했었다. 하지만 후반에는
일본의 도요타 생산방식이 포드 시스템을 대신했다. '각
기 다른 고객의 주문에 따라 일일이 정성을 다해 만드는'
편이 비용이 아주 적게 든다. 여러 주문을 하나로 통합해 한
가지 물건을 대량으로 생산하게 되면 각종 '낭비'가 발생
해 결국은 비용이 많이 발생한다. '각기 다른 개성을
지닌 고객은 자신의 의지대로 정보를 나타낸다.'
기업은 이제 고객의 정보를 기본으로
해 물건을 생산해야 한다.

T O Y O

CHAPTER 2

A

스토어관리의 시작
'시각화'

스토어관리란 도요타 간판방식의 DNA를 추출해
사무 관리에 적용한 것을 말한다.
이 스토어관리가 사무나 관리 현장에 효과를 발휘하기 위해서는
3가지 즉, '업무에 프로세스가 있다', '인재 육성을 중시한다',
'조직관리 능력을 요구한다' 는 요건을 충족하고 있어야 한다.

스토어관리

스토어관리란 사무직을 위한 간판방식이다

'스토어관리'를 한마디로 말하면 사무직을 위한 간판방식이라고 말할 수 있다. 제조 현장에서 사용하는 간판방식에 근간을 둔 도요타식 DNA를 추출해, 사무 부문 및 관리 부문, 개발 부문 등 사무 관리에 적용한 것이 바로 스토어관리다.

일반적으로 간판방식은 공장 등 제조 현장에서만 적용할 수 있다고 생각하는 경우가 많다. 분명 현장에서 썼던 그대로를 사무나 관리 등의 부문에 적용하기는 어렵다. 그러나 간판방식 안에 도요타식의 DNA가 존재한다면 사무 관리 부문에 적용할 수 있다. 원래 간판방식은 도요타식의 DNA를 제조 현장에서 구체적으로 실현한 것이며, 그 DNA를 기반으로 사무 업무를 개선하기 위한 도구에 지나지 않는다.

제조 현장에서 중요한 것은 간판방식의 도입이 아니다. 그 DNA를 조직에 정착시키는 것이다. DNA 정착의 중요성은 사무나 관리 현장에서도 변함이 없다. 이들 현장에서 도요타식의 DNA를 정착시키고 발전시키기 위한 도구가 스토어관리인 것이다.

그렇다고 간판방식이 만능은 아니다. 당연히 모든 제조 현장에서 효과를 발휘하는 것도 아니다. 마찬가지로 스토어관리 역시 모든 사무나 관리 현장에서 효과를 발휘하는 것은 아니다. 스토어관리는 '업무에는 프로세스가 있다', '인재 육성을 중시한다', '조직관리 능력을 요구한다'는 요건을 충족하고 있는 현장에서 효과를 발휘할 수 있다.

첫 번째 '업무에는 프로세스가 있다'는 것은 업무는 항상 몇 가지의 작업으로 구성되어 있으며 그 작업 사이사이에도 일이 진행되고 있는 것을 말한다.

일반적인 지급 업무의 경우 예
① 우편 등으로 청구서를 받는 일
② 수취한 청구서의 내용(품목이나 금액 등)을 확인하는 일
③ 청구서를 지급처별로 구분하는 일
④ 지급처별로 지급 금액을 합계하는 일
⑤ 지급 금액에 문제가 없는지를 확인하고 승인하는 일
⑥ 은행에 가서 입금하는 일
⑦ 지급 전표를 작성하는 일
⑧ 지급 금액의 합계를 내서 계산하는 일

이처럼 작업 사이에 또 다른 일을 진행하는 중에서도 스토어관리를 활용할 수 있다. 스토어관리는 작업 진행 상태를 실시간으로 관리하거나, 일을 더 빨리 진행시키기 위한 개선을 하는 데 큰 효과를 발휘한다.

두 번째의 '인재 육성을 중시한다'는 것은 사람은 기업의 소중한 자산의 일부이며, 사람이 상품이나 서비스의 가치, 품질을 크게 좌우한다고 생각하는 것이다. 서비스의 가치나 질을 높이려면 사람의 기술(스킬)이나 능력의 향상뿐 아니라, 의식(마인드)의 고양도 중요한 요소가 된다. 스토어관리는 각 개인의 기술이나 능력을 높이는 것과 더불어 현장의 모든 상황을 시각화함에 따라, 개인에게 부여된 역할을 명확히 인식하게 하여 의식을 높이는 것도 가능한 것이다. 이렇듯 스토어관리는 업무 운영을 통해 기업이 원하는 인재를 만들어 내는 데 매우 효과적인 도구다. 고객 관점에서의 낭비를 명백히 밝혀 내고, 해결해야 할 과제를 현장의 사원들에게 전달하여 개선을 이뤄 내는 것이다. 도요타식의 DNA를 항상 몸에 지닌 인재만들기에 스토어관리는 큰 효과를 발휘한다.

세 번째의 '조직 관리 능력을 요구한다'는 것은 각 개인이 갖고 있는 능력을 팀 안에서 보완하여, 전체적으로 능력이 뛰어난 조직을 만드는 것이다. 또한 이를 위해 뛰어난 관리 능력이 필요하다는 것이다. '조직'이란 각 개인이 연계하거나 서로 보완하고 지혜를 공유함으로써 개인들의 능력을 취합하여 시너지 효과를 내는 집단을 말한다. 집단능력은 개인의 능력을 고양함에 따라 높일 수 있다. 이때 조직 관리를 별도로 하지 않아도 관리는 수월해지며 지시와 결과에 대한 관리가 잘 이루어져 관리자는 단지 '열심히 하라'며 독려하기만 하면 된다.

만약 각각의 개별 단위로 관리하는 것이 목표라면 도요타식의 스토어관리는 도움이 되지 않을 수 있다. 스토어관리는 작업 전체의 상황과 한 사람 한 사람의 작업을 '시각화'하고, 고도의 조직 관리에 필요한 조정을 전체적인 관점에서 눈으로 보면서 실시하기 때문이다. 그러므로 스토어관리는 개개인이 따로 따로 일하는 체제를 벗어나 상호 보완적이고 협력하는 체제를 만들려고 하는 조직에서 더 효과적이다.

이와 같이 3가지의 특징을 갖고 있는 현장에서 스토어관리는 유용하게 작동하며, 도요타식의 DNA를 뿌리내리고 발전시킬 수 있다.

▶ 스토어 이미지맵

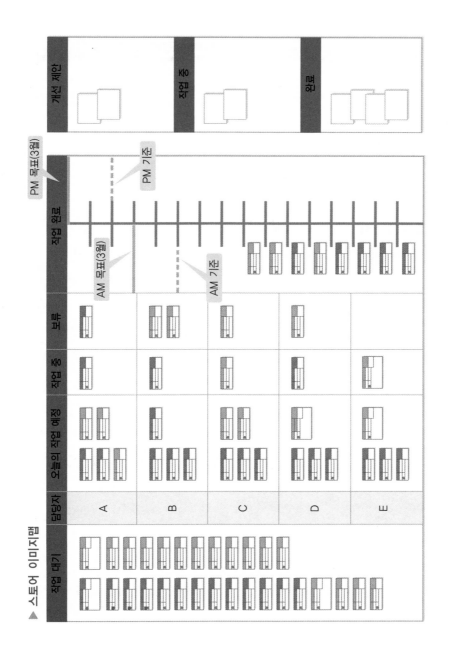

앞의 도표는 스토어관리를 통한 생산성 개선 작업을 실행한 직장에서 스스로 고안해 낸 스토어관리 도구의 이미지를 도면으로 표현한 것으로, 현장에 붙여 놓고 사용하는 설명도이다.

▌작업 진행 시각화의 지혜

앞의 도표의 스토어관리 도구에는 작업 카드의 '완료'란에 좋은 아이디어가 숨겨져 있다. 이 조직에서는 이 완료란을 세로로 나눠 선을 그어 두었다. 거기에 얇은 가로 선이 많이 들어가 있어서 외형이 '새우등'과 같다고 하여 '새우 보드'라고 부르고 있다. 이 새우 보드에 완료한 작업 카드를 쌓아 올리는 식으로 붙여간다. 이 완료란에 예정된 시각에 계획대로 되어 쌓여 있다면 작업 진행이 정상이라는 것을 알 수 있다. 또 작업 카드가 많으면 너무 진행된 것이고 적으면, 늦어지고 있다는 것을 한눈에 실시간으로 알 수 있다.

이것은 간판생산에서 이용하는 지표와 같은 역할을 하는 것으로 일의 늦고 빠른 상태를 알 수 있게 시각화한 것이다.

▌1열 대기와 1개 흐름의 지혜

이 이미지와는 다르게 담당별로 관리하는 스토어도 있다. 하지만 작업 대기 카드를 두는 곳은 담당별로 하지 않고 전체를 한 개의 장소로 정하여 작업 1열 대기가 되도록 하고 있다. 그러나 전문성이나 경험 등에 따라 일부의 작업은 집단화하여 집단 내에서의 1열 대기 등의 방법을 병행하기도 한다. 작업 중인 카드를 붙이는 곳은 작게 만들어 1장만 붙이도록 하고, 작업은 1가지가 진행되도록 한다. 복수로 진행하게 되면 붙일 장소 이외에 붙여서 눈에 띄게 하려는 아이디어를 엿볼 수 있다.

스토어 형태는 진화한다

스토어관리는 '이것으로 끝이다'라는 게 없다. 스토어관리는 각각의 현장에서 상황에 대응하여 진화하며 변해간다.

현장 상황은 시시각각 변화한다. 현장에서 작은 변화가 일어날 수도 있고, 회사 전체적인 변화도 일어날 수 있다. 또한 사회 전체를 뒤흔드는 아주 커다란 변화가 일어날 수도 있다. 이 변화를 극복함으로써 조직은 발전해 나간다. 이는 현장 또는 조직이 계속 발전해 가는 한, 스토어관리도 계속해서 진화한다는 뜻이다. 이 때문에 어떤 도구를 제시하며 '이것을 도입하자'라고 명시할 수 없는 것이 스토어관리 도입에 따르는 가장 큰 어려움이다.

그러나 스토어관리를 도입한 현장을 모델로 한다면 여러 가지를 배우게 되고 자신이 속한 조직에 도입하는 발판으로 하는 것이 가능하다. 수많은 스토어관리의 패턴 중에서 담당자 단위로 작업을 관리하는 '담

당자별 스토어'를 활용하여 사무 개선을 이뤄낸 기업 사례를 통해 어떻
게 일을 진행하고 있는지 살펴보자.

스토어관리 1주일

▌1주일 간의 작업을 조사하고 매일의 작업량 조정 – 주초의 미팅

현장에서는 매일 스탠드 업 미팅을 실시하고 있다. 스탠드 업 미팅
이란 기본적으로 팀의 모든 구성원이 한 곳에 모여 서서 진행하는 미팅
이다. 서서 진행하기 때문에 짧은 시간(대체로 5~15분 정도)에 효율적으로
미팅을 마무리할 수 있다.

주초의 스탠드 업 미팅에서는 그 주에 할 작업을 알리고 확인한다.
확인한 작업은 예정 소요 시간과 함께 작업 카드에 기입하여 이번 주
동안 어떤 작업을 예정하고 있는지를 볼 수 있도록 한다.

그런 다음 작업 카드의 양과 예정된 사내 행사 등에서 공통적으로
해야하는 사무적인 일로 인해 팀 전체에게 걸릴 작업량을 예측한다. 더
불어 카드화한 각 작업의 착수 시각을 파악해, 또 어떤 일에 어느 정도
의 잔업을 해야 하는지, 다른 팀에 도움을 구할 필요가 있는지 등을 고
려하여 1주일이라는 기간에 조정을 한다.

또한 그 주에 팀 전체에 걸리는 부하가 가벼울 경우, 사원들의 능력
향상을 도모하기 위한 교육 훈련 등을 실시할 수 있도록 스케줄을 작업
카드에 추가 기입한다.

▌담당자 간의 작업량을 평준화 - 매일 아침 가장 먼저 미팅

매일 매일의 스탠드 업 미팅에서는 전날의 작업 상태를 확인하고 그 상태를 근거로 작업을 분담한다. 필요하다면 주간 예정 작업을 재검토한다. 또 그날에 착수하는 작업 카드를 스토어 상에 사원별로 분배한다. 이렇게 해서 그날 어떤 작업을 어느 사원이 어떤 방식으로 실시했는지를 알 수 있다.

작업을 할당하는 과정에서 한 사원의 작업 카드가 다른 사원에 비해 부하가 많이 걸리고 있다고 판단되면, 작업 카드의 일부를 다른 사원에게 넘겨 업무의 평준화를 모색한다. 스토어를 활용함에 있어서 특정 사람에게 부하가 걸리는 것을 사전에 파악할 수 있으며, 빠른 시간 안에 대응할 수 있게 된다.

▌문제점 추출과 개선 활동 - 매일의 작업

각각의 1일 작업이 정해진 시점에서 업무를 개시한다. 사원은 자신의 스토어에서 한 장씩 작업 카드를 선택한다. 작업 종료 시에는 처리 완료용의 스토어에 카드를 넣는다. 처리가 완료되면 실제 그 작업에 소요된 시간을 기입한다. 이것은 작업 상황의 파악에도 도움이 될 뿐만 아니라 앞으로 발생할 유사 작업에 소요될 예정 시간의 정확한 예측에도 도움이 된다. 또한 작업을 할당하거나 실시할 때 이전 작업 시에 개선이 필요하다고 생각했던 내용을 개선 시트에 기입하여 개선 보드에 붙여 둔다. 문제가 간단해서 금방 대책을 세울 수 있는 것은 대책을 세운 후에 개선 시트에 실시 내용을 기재한다. 대책을 실시한 개선 시트도 개선 보드에 붙여 둔다.

▌개선 내용의 검증 – 다음 날 아침에 미팅

다음 날 아침의 스탠드 업 미팅에서는 개선 보드에 붙어 있는 개선 시트의 내용을 확인한다. 대책이 실시된 것은 실시한 내용이 근본적인 대책이었는지, 또는 보다 효과적인 다른 실시 방법은 없는지를 살펴본다. 그 밖에도 동일한 형식의 대책을 수직 전개했을 때 보다 효과적인 좋은 업무는 없는지 등을 서로 의논한다.

문제를 추출하기만 하고 대책이 실시되고 있지 않는 것이 있으면 어떤 대책이 효과적인지를 의논해서 스탠드 업 미팅 중에 대책을 마련하고 곧바로 실행한다. 미팅 시간 중에 대책을 마련할 수 없거나 범위가 넓은 과제일 경우에는 개선 시트에 그 일을 기재해 둔다.

▌문제 대책에 관한 검토 – 한 주에 한 번의 개선 미팅

정기적인 스탠드 업 미팅은 주에 한 번 하고, 대책을 마련하지 못한 문제나 범위가 넓은 과제에 대해서는 검토를 위한 별도 미팅을 갖는다. 개선 시트에 기입된 문제를 분석해서 어디에 원인이 있는지를 규명하는 것이다. 이때의 포인트는 항상 그 문제가 고객에게 어떤 불이익이 되는지를 고려하는 것이다.

원인을 찾아내면 그것을 해결하기 위한 개선 계획을 입안한다. 이

개선 계획을 개선 시트에 기입하여 관리 보드에 붙인다. 그런 다음 개선 계획의 실행 상태는 정기적인 스탠드 업 미팅을 통해 확인한다.

또 그날그날 문제점을 찾아내서 대책을 세운다. 대책은 눈에 띄게 개선 보드에 붙여 두어 항상 의식할 수 있게 한다. 이 같은 개선 활동이 지속적으로 이뤄지면 어떤 문제에도 대처할 수 있는 강력한 조직이 구축된다.

'이 정도라면 누구든 실행할 수 있다'고 생각하는 사람도 있을 것이다. 그러나 실제로는 이런 수준까지 스토어관리를 한다는 게 쉽지 않다. 스토어관리를 자동차에 비유하자면 F1 레이싱 카와 같다. 이제 갓 면허를 딴 운전사가 운전하면 자동차의 성능을 제대로 발휘할 수 없으며, 실수로 인하여 사고가 일어날 수도 있다. 갑자기 F1 레이싱 카에 탔다고 해서 초보 운전자가 F1 레이서가 되는 것은 아니다. 초보자에게는 초보자에게 적합한 자동차가 있는 것이다.

F1의 운전자 즉, 스토어관리를 활용할 수 있는 기본적인 능력을 갖춘 조직을 목표로 하려면 어떤 방식으로 조직을 발전시켜 나가야 할까? 그 시작은 바로 도요타식의 키워드 중 하나인 '시각화'에서 시작된다.

그래서 지금부터는 한차원 높은 스토어관리를 가능하게 해 주는 '시각화'의 실현 방법에 대해 설명하겠다.

스토어관리는 조직의 업무 내용, 환경, 능력 수준 등에 따라 다양한 형태가 있다. 그 하나의 예로 스토어관리에서 사용하는 부분적인 역할을 소개한다.

▌**작업 카드** – 실행할 작업 정보가 기재된 카드

- 작업 지시를 내리고, 위치에 따른 작업 상태를 나타내는 역할을 한다.
- 인풋(Input)이 아웃풋(Output)으로 전환되는 일련의 작업으로 이뤄진 완결된 단위에서 각 공정마다 발행한다.
- 작업 문서, 작업 내용, 인풋과 아웃풋, 납기와 함께 작업 평준화 등의 관리에 필요한 라인, 견적 공수(공수(工數) 포인트 ; 일정한 작업에 필요한 인원이나 노동 시간으로 나타낸 수치. 이를 토대로 표준노무비를 산출하여 원가 관리 참고 자료를 만드는 데 이용한다), 전문성(작업자의 제약) 등의 정보를 기재한다.

▌**서브 카드** – 메인 작업 카드의 실시 상황에 따라 임시로 발행되는 카드

- 메인 작업의 실행 상태에 따라 메인 작업 담당자 이외의 사람에게 메인 작업의 일부 또는 추가 작업을 돕게 한다.

- 메인 작업에서 떨어져 나온 작업 또는 추가된 작업으로, 다른 사람이 할 수 있는 단위로 발행한다.

▌카드 넣는 케이스 – 복수 프로세스에서 '후 공정 인수' 형 스토어관리에서 사용하는 작업 카드를 넣는 투명한 상자

- 투입된 작업의 원 단위와 부하가 걸리는 구성 비율을 조정하고, 후 공정 인수 작업을 실현하는 역할을 한다.
- 라인과 공수 범위별로 각 공정마다 발행한다.
- 라인과 프로세스, 공수 범위를 기재한다.
- 카드의 총량은 간판의 총량관리와 같은 계산 방법으로 구해 관리한다.

▌특수 카드 – 회의나 출장 등으로 작업할 수 없는 공수 범위를 예약하기 위한 카드

- 작업의 평준화를 위한 조정 시에는 조정할 수 없는 시기와 공수의 정보를 조정자에게 할당하는 역할을 한다.
- 회의나 출장처럼 이어서 작업할 수 없을 때 사유별로 발행한다.
- 작업 내용, 기일, 견적 공수, 대상 등의 정보를 기입한다.

▌보드(평준화 포스트) – 평준화 조정 기간(1주일 간)에 일어나는 부하량을
한눈에 알 수 있게 한 작업 카드를 붙여두는 보드

- 조정기간 내에 걸리는 부하량을 평준화하고 매일의 작업 공수(가동
  시간)를 계획하는 역할을 한다.
- 복수의 공정에 걸친 라인 전체의 보드일 경우는 네크 공정(여러 공정
  중에서 병목 현상을 일으키는 공정)을 기반으로 한 부하량의 평준화를 실
  행한다. 네크 공정이 복수일 경우에는 공정별로 쌓인 부하량을 보
  며 병렬로 함께 처리한다.
- 단일 공정 또는 다른 공정에서 제조 중일 경우에는 공정마다 보드
  를 마련한다.
- 작업 카드에 따른 평준화 조정(보드에 따른 평준화)이 불가능할 경우
  에는 사전 정보나 과거의 실적을 토대로 부하량을 예측하고 평준
  화, 작업 공수의 계획을 세운다.

▌스토어(공정 간의 스토어) – 공정에서 완성·투입된 작업 카드를 라인별
로 꽂아 세워 두는 스토어

- 1열 대기, 1개 흘림을 현장에서 확실하게 실시하게 하는 도구
- 현재 각 라인별 부하량이나 진행 상태를 한눈에 파악할 수 있으며,
  평준화가 무너지거나 늦고 빠름을 실시간으로 알게 하여 필요시 즉
  시 개선이 가능하도록 한다.
  공정을 자동적으로 정상 상태로 유지할 수 있도록 정보를 제공하는
  역할을 한다.

▶ 작업 카드의 종류

작업 카드 F-3-5

작업 번호 : 0517025-0
작업 내용 : ○○○○○○○○
IN/OUT : ○○○○○○○○○○
납기 : 200X년 5월 17일
견적 공수 : 2.5Mh 전문성 S

카드 케이스 F3-8　　　No.0018

작업 카드(서브) F-3-3

작업 번호 : 0517025-1
작업 내용 : ○○○○○○○○
IN/OUT : ○○○○○○○○○○
납기 : 200X년 5월 17일
견적 공수 : 1.5Mh 전문성 S

특수 카드 3-8

작업 내용 : 월례회의
납기 : 200X년 5월 17일
견적 공수 : 4Mh
대상 : 스즈키

▲ 스토어관리의 예

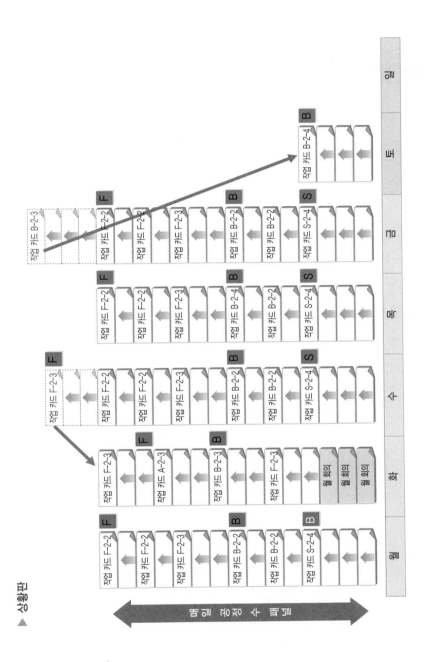

▶ 스토어의 예

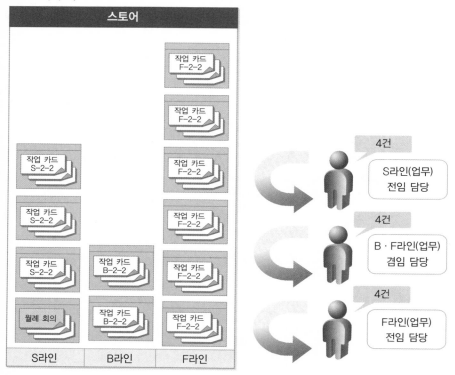

한편 스토어관리를 실행할 때 도움이 되는 포인트는 다음과 같다.

1 카드 케이스에 따라 원 단위를 맞춘다.

- 카드마다 공수 크기를 정하여 그 크기에 적합하게 작업 카드를 넣고, 각 케이스에 작업 공수의 원 단위를 정리한다.
- 작업 공수에 맞춘 케이스 단위로 관리해 작업 계획, 진행 관리를 단순화할 수 있어서 쉽게 관리할 수 있다.

- 케이스 수를 세어 작업의 생산성을 쉽게 측정할 수 있게 되고, 공정 이상에 대한 관리와 개선의 수준이 향상된다.

② 공정간 스토어를 통하여 1개 흐름 작업을 실현한다.

- 하나의 작업이 끝나면, 다음 작업 카드를 스토어에 가지러 가는 작업 형식으로 1개 흐름의 진행을 실현한다.
- 병행 작업을 없애고, 최단 리드타임으로 공정을 통과하도록 한다.
- 공정 내의 재작업을 최소화하여 스토어 상의 계획 변경을 하는 기회를 높여서 변동에 대응하는 능력을 향상시킨다.
- 하나의 작업에 집중하여 품질(Quality), 가격(Cost), 납기(Delivery), 서비스(Service)를 높인다.

③ 공정간 스토어를 통하여 1열 대기 작업을 실현한다.

- 각 담당이 한 개의 스토어에서 순서대로 작업 카드를 갖고 작업하는 형식으로 1열 대기를 실현한다.
- 담당제 작업을 없애 각 담당이 기다리는 일이 없게 한다. 또 작업 카드에 따라 리드타임의 편차를 최소화하여 평균 리드타임을 단축한다.
- 작업에 있어 따로 담당하지 않게 하여 편차를 없애고 잠재적으로 허비하는 시간과 과부하를 배재해서 조직의 처리 능력을 높인다.
- 하나의 문제가 있는 작업이 다른 작업에 영향을 미치지 않도록

하며, 문제에 대한 대응 능력을 높인다.

4 상황판과 케이스 구성 관리(총량관리)에서 평준화를 실현한다.

- 상황판에서 부하 감소와 처리 능력의 평준화를 꾀하고 케이스 (작업 지시서) 발행 구성비를 통제하고, 조정된 평준화 상태가 지속적으로 유지되게 한다.
- 상황판을 통해 평준화를 실시하고, 능력에 따라 계획을 세워 부하량과 처리 능력의 균형을 맞춘다.
- 각 라인(업무)별 작업 지시서 발행 비율을 상황판에 계획된 능력에 맞춰 발행, 관리하고, 공정에 걸리는 라인별 부하량의 비율이 항상 일정하게 되도록 한다.

2

업무의 시각화

무엇을 위해, 누구를 위해서 시각화를 하는가?

먼저 스토어관리에서 '시각화'에 착수하기 전에 무엇을 위해 보이도록 하는지, 그런 다음 무엇을 하고 싶은지 확인할 필요가 있다.

사람들이 많이 오해하고 있는 것 중의 하나가 '시각화는 감시하기위한 것'이라는 생각이다. 하지만 그것은 시각화의 일면에 불과하다. 시각화의 진정한 목표는 조직이 목적을 달성하고 발전하기 위해 무엇이 필요한지, 성장하려면 당장 무엇을 해야 하는지를 실시간으로 진행과정상에서 깨닫게 하기 위한 것이다.

생산물을 보고 일의 결과를 명백히 알 수 있는 제조업과는 달리, 사무 현장에서 일의 결과는 천차만별이다. 특히 기획 업무에서는 상황에따라 결과가 다를 뿐만 아니라, 그 결과가 무형의 것인 경우도 많다. 이때문에 결과를 통해 조직의 상태를 파악하기가 어렵다.

조직이 성장하려면 일의 '결과'를 알 수 있어야 한다. 일의 결과가 눈으로 보이면, 자신들이 달성해야 할 품질이나 생산성을 측정할 수 있기 때문이다. 이를 통해 현상과 과제를 규명할 수 있으며, 성장을 위해 개선해야 할 사항을 알 수 있다.

결과를 볼 수 없는 상태에서 감각에만 의존하여 개선 활동을 하는 것은 지도 없이 감각만으로 목적지를 찾으려는 것과 같다. 그만큼 길을 잘못 들어서거나 길을 잃어버릴 가능성이 높은 것이다.

조직이 목적이나 목표를 달성하기 위해서는 그 목표를 향해 정상적으로 나아가고 있는지를 알 수 있게 하고, 이상 상태를 실시간으로 파악할 수 있게 해야 한다.

언뜻 보기에 그것이 '감시'로 보일 수도 있다. 그러나 시각화의 목적을 '감시'로만 생각한다면 가장 중요한 행동, 즉 보이는 결과를 기초로 한 다음 단계의 행동을 소홀히 할 수 있다.

시각화의 목적은 실시간으로 파악한 문제에 대한 예방 관리를 확립하기 위한 것이라는 대전제를 기억해야 한다.

업무 그 자체를 시각화한다

스토어관리에 따른 시각화의 첫걸음은 '일 그 자체가 보이게 한다'는 것이다. 조직에서 행하는 작업을 작업 카드 등에 기입하여 시각화함으로써 현재 어떤 작업이 진행되고 있는지, 어떤 작업이 남아 있는지를 모두가 알 수 있게 된다.

일을 시각화하면 '개개의 작은 집단'에서 팀으로서 능력을 발휘하는, 진정한 의미의 '조직'으로 발전한다. 한 사람 한 사람이 따로 따로 업무를 하고 서로 어떤 작업을 하는지 모르는 개개의 집단에서는 어디에 문제가 있고 어떻게 개선하는 것이 좋은지 알 수가 없다. 그러나 일을 시각화함으로써 조직 안에서 진행되는 작업의 정보를 공유할 수 있고, 개인의 틀에서 벗어나 조직으로서 돕는 행동을 할 수 있게 된다.

일의 목적을 보이게 한다

일을 하는 데에는 반드시 목적이 있다. 일이란 그 목적을 달성하기 위해 활동하는 것이지 단순히 정해진 작업 순서대로 작업을 하는 것이 일은 아니다.

그러나 실제 작업 현장에서는 일의 순서나 방법으로 지시를 내리는 경우를 자주 볼 수 있다. 'ㅇㅇ을 보면서 ×××을 만들어라', '이런 순서로 입력하라'는 등 완전히 로봇에게 명령을 내리듯 지시한다.

분명 기계는 지시된 대로 일을 실행한다. 그러나 지시 내용에 오류가 있거나 다른 변수가 발생해도 로봇은 지시된 대로 실행할 뿐이기 때문에 처음 목적과는 전혀 다른 결과를 낼 수도 있다. 목적을 달성하기 위한 것이 일이라고 한다면 이런 경우 기계가 하는 일은 더 이상 '일'이라고 할 수 없다.

로봇을 상대한다면, 목적 없이 순서만을 지시해도 좋을 것이다. 그러나 사람은 목적에 따라 자신의 아이디어로 일의 방법을 바꿀 수 있는 능력이 있다. 그런데도 일의 목적을 명시하지 않고 동작에 지나지 않는 순서나 방법만을 지시하는 것은 작업자에게 변화에 대응하지 못하는 결과를 초래해 개선이나 응용을 할 수가 없게 만든다.

무엇을 위해, 무엇을 달성하기 위해 이 일을 하는지 담당자에게 알리지 않은 채 작업을 지시하면, 담당자는 지시 받은 대로만 작업하게 된다.

즉, 작업에 있어서 발전성이 없어져 버린다. 그러나 작업의 목적을 명시하여 지시한다면, 순서를 지키는 것이 절대적인 조건이 아니므로 담당자는 목적을 달성하기 위해 지금보다 더 나은 방법을 모색하게 된다. 그렇게 하여 작업하기 쉬운 방법을 발견하게 되면 작업도 더 편해지고 좀 더 즐거운 마음으로 일을 할 수가 있다.

작업의 순서를 지시함으로써 나타나는 또 다른 폐해는 도요타식의 '고객 지향'이라는 의식을 잃어버리게 되는 것이다. 도요타식 생산방식에는 '후 공정은 고객'이라는 말이 있다. 작업 목적은 고객의 요구를 만족시키기 위한 것이다. 후 공정을 고객의 눈으로 보고 개선을 실행하려는 취지다.

　그런데 작업 목적이 아니라 순서대로만 일하도록 지시하면, 현장에 있는 사원은 후 공정의 존재를 망각하게 된다. 어떤 방법이 최적인지를 고려하지 않기 때문에 현상 그대로 머물러 정체하고 만다.

　이렇게 해서는 개선이 이뤄지지 않는다. 목적 즉, 고객의 요구를 명시함으로써 사원들은 작업하기 전에 고객의 존재를 의식하게 된다. 그리고 고객의 관점에서 개선을 생각하게 된다.

　따라서 작업 카드에 기입할 때에는 'ㅇㅇ을 위해 △△한다'와 같이 항상 목적을 명시하여 기입하는 것이 좋다. 목적을 명확히 한 뒤에 일을 명시하고, 목적을 달성하려면 어떻게 해야 하는지 생각하게 만드는 환경을 조성하는 것이다.

　사실 한 가지 작업에 대해 목적을 명확히 하는 것은 의외로 어렵다. 예를 들어 청구서를 작성할 때에는 '상품을 구입했기 때문에'나 '돈을 받기 위해서'와 같은 자신들의 편익을 적는 경우가 많다.

　청구서 발행의 첫 번째 목적은 고객에게 지불 처리에 필요한 정확한 정보를 제공하는 것이다. 이 목적을 명시할 수 없다면 고객의 지불 처리 오류를 예방하기 위한 청구서 발행 방식의 변경 개선안은 절대 나올 수가 없다.

　작업 목적의 명시화는 일상의 업무 지시에서도 활용하면 좋다. 항상 자기 자신의 머릿속에 목적을 확실히 각인해 두면 작업을 함에 있어서 가장 중요한 일이 무엇인지를 알 수 있다.

　확실한 목적을 찾을 수 없다면 작업의 필요성은 당연히 의심을 받게 된다. 조직의 임무 수행과는 관계 없는 작업일 가능성이 많다는 것이다. 일이 너무 많아 바쁘다고 푸념하기 전에 하나의 작업에 대해 명확한 목적을 문서로 작성한다면 일을 훨씬 줄일 수 있을 것이다.

우선순위와 중요도를 '조직'의 관점에서 생각한다

조직에는 항상 다양한 일들이 진행된다. 그리고 각각의 우선순위와 중요도에도 차이가 있다. 그런데 우선순위나 중요도 역시 시시각각 변한다. 돌발 상황이 발생하거나 긴급사태가 일어나면 거기에 대응하기 위한 일을 하거나, 뒷전으로 미뤄 두고 있던 일을 최우선으로 처리할 필요도 생긴다.

그런데 조직 전체의 일을 한눈에 볼 수 없는 상태에서 긴급 사태가 발생하면 그 일과 관련된 일부의 사람들만이 필사적으로 대응해야 한다. 다른 사원들은 뒷전에서 긴급한 일을 돕지 않고 자신들이 할 일만을 담담하게 처리하는 경우가 있다.

이런 혼란은 우선순위나 중요도의 결정을 담당자에게 맡겨 두고 있기 때문에 일어난다. 담당제로 일을 각 사원들에게 할당하는 조직에서는 각 사원들이 작업의 우선순위나 중요도를 정해 버린다.

개인 수준에서 우선순위나 중요도를 정하게 되면, 조직 전체의 우선순위나 중요도와 일치하기 어렵다. 따라서 조직이 어떤 임무를 수행하고 있을 때에는 우선순위나 중요도를 개인이 아닌 조직이 정해야 한다.

하나의 작업에 대해 조직의 입장에서 우선순위나 중요도를 판단해 나가는 것, 그것이 우선순위나 중요도의 시각화이다. 스토어를 통해 일을 시각화함으로써 조직 안에서 행해지는 작업을 한눈으로 파악할 수 있게 된다. 이렇게 한눈으로 파악할 수 있게 된 작업에 관하여 조직의 우선순위나 중요도를 판단하고 결정하는 것이다.

우선순위는 일에 착수하는 순서를 결정하는 판단 기준이 된다. 일반적으로 일의 우선순위는 납기에 따라 정해지므로 납기를 기점으로 우선순위를 결정한다면, 기준이 명확하기 때문에 누가 판단해도 문제될 것이 없다. 하지만 일에 대한 전망 등도 판단의 근거가 되며, 이 전망에 대해서는 사람마다 차이가 있게 마련이다.

따라서 일의 우선순위에 대한 판단을 개인이 맡게 되면 문제가 된다. 가령 일의 결과나 다음 상황 전개를 정확히 예측할 수 없는 경우, 일을 완성시키는 데 정보량이 턱없이 부족한 경우 등 전망하기 어려운 일은 빨리 실행을 하면서 도중에 하나하나를 정리하여 예측을 메모해가면서 해결을 모색해 가는 것이 선결 과제다.

개인에게 예측에 대한 판단을 맡겨 두면 잘못된 판단을 불러올 수도 있다. 우선순위가 낮은 일을 너무 빨리 착수하게 된다거나 반면 우선순위가 높은 것을 뒷전으로 미뤄 납기 직전에 문제가 불거지는 상황도 발생한다. 그러나 개인이 전망할 수는 없어도 전체를 보는 조직 차원에서는 충분히 전망할 수가 있다. 단순히 보기에는 개인이 판단해도 될 것 같은 우선순위라도 조직으로서 판단하는 것이 추가 작업 발생과 같은 혼란을 막을 수가 있고 일의 진행에 낭비가 없게 된다.

한편 일의 중요도는 일의 영향력에 비례하므로, 일에 투입하는 자원이나 공수의 고저, 또는 대소의 판단 기준이 된다. 일의 난이도 또한 일의 중요도의 판단 자료가 된다.

일반적으로 일의 진행이 매끄럽지 않을 때는 발생하는 손실과 실패할 확률을 고려하여 일에 투입할 담당자를 결정한다. 하지만 각 개인의 역량이 파악되지 않은 상태에서 그 사람에게 일을 맡기면 중요도가 높은 작업에 능력이 부족한 사람이 배치되거나 중요도가 낮은 작업에 뛰어난 능력을 지닌 사람이 투입되는 경우가 발생한다. 따라서 조직 안에서 한정된 자원을 효과적으로 활용하기 위해서는 무엇보다도 조직에서 진행하는 업무의 중요도를 판단하는 일이 제일 중요하다.

스토어관리로 작업의 우선순위나 중요도를 정할 때에는 각 사원들에게 할당된 작업을 모두 카드로 만들어서 스토어에 나열한다. 나열할 때는 조직에서 정한 판단 기준(납기나 장비의 비가동)에 따라 우선순위를 부여하여 우선순위가 높은 것부터 차례대로 나열해 간다. 우선순위를 정하는 판단 기준은 조직마다 따로 정해서 작성을 한다. 또한 돌발적인 상황이 발생했을 경우 조직의 관리자가 판단을 하여 우선순위를 변경하기도 한다.

또한 각 작업 카드의 중요도에 대해서도 검토를 해야 한다. 중요도를 결정할 때의 판단 기준은 조직에 있어서 그 작업이 어느 정도의 영향력을 갖고 있는가이다. 각 작업 카드의 우선순위와 중요도를 정확히 정하고 나서, 스토어 상의 각 사원들이 착수할 작업 카드를 뽑는다. 이 때 중요도가 높은 작업 카드는 그 작업을 확실히 수행할 수 있는 사원이 뽑도록 하고, 그 외의 사원들은 우선순위가 높은 것부터 차례대로 시작하게 한다.

　그러나 모든 사원들이 우선순위가 높은 작업을 동등하게 처리할 수 있다고 볼 수는 없다. 사원별로 일을 할당하는 담당제의 경우 어떤 사원은 우선순위가 높은 작업을 많이 하는가 하면, 어떤 사원은 우선순위가 낮은 작업만을 수행하게 되는 등의 문제가 발생할 수 있다. 이는 사원들 간에도 능력의 차이가 있기 때문이다.

　이러한 문제점들을 해결하기 위해서는 각 사원들이 어떤 일이든 잘 처리할 수 있도록 교육과 훈련을 실시해야 한다. 또한 그럴 만한 시간적인 여유가 없을 때에는 다른 조직에서 지원을 받는 방법도 생각해 볼 수 있다.

　무엇보다 조직에 있어서 정말 시급한 일이 무엇이고 정말로 중요한 일이 무엇인가를 파악하는 것이 핵심이다. 그런 다음 우선순위를 정해 그 일을 추진하는 데 있어 어떤 개선점들이 필요한지를 모색해야 한다. 스토어관리가 바로 그것을 깨닫게 해 주고 해결할 수 있는 방법을 제시해 줄 것이다.

아웃풋의 시각화를 통해 일의 품질을 정의한다

일이란 고객이 상품이나 서비스를 원할 때 타당한 가격으로 제공하기 위해 하는 것이다. 고객이 원한다면 모르겠지만 원하지 않는데 과도한 서비스를 제공할 필요는 없다. 그만큼의 원가가 더 들어가기 때문이다.

'가능한 한 서비스를 계속하자', '지금은 여유가 있으니까 좀 더 서비스하자'라는 생각은 개인 차원에서는 좋은 일일지 모른다. 하지만 일은 조직을 통해 행해진다. 조직이 서비스를 제공하기 위해 투입할 수 있는 시간과 자원은 제한이 따른다.

시간과 자원을 허비하지 않으면서 고객이 원하는 수준의 서비스를 제공하려면 조직이 어느 정도의 서비스를 제공할 것인지 미리 정해둬야 한다. 그것이 '아웃풋의 시각화'다.

애매한 상태에서 서비스의 아웃풋(최종 성과물)을 개인에게 맡기면, 작업의 질은 사원마다 편차를 보이게 된다. 품질의 차이는 각 사원의 능력의 차이에서도 비롯되지만 시간적인 여유의 차이에서도 생긴다. 시간적인 여유가 없을 때 실행한 작업은 평소보다 품질이 떨어지기 쉽고, 여유가 있을 때 수행한 작업은 품질에 과잉이 발생할 수가 있다. 도요타식 방식에서는 이런 경우 품질에 편차가 생긴 것으로 간주하여 이상(異常)으로 처리된다.

작업의 품질에 편차가 생겨도 동일한 작업에서는 생산성을 비교하기가 쉽지 않다. 따라서 생산성의 차이에서 문제점을 발견하지 못함으로써 개선해야 할 포인트가 보이지 않게 되는 것이다. 그리고 실제로 개선한다 하더라도 개선 전과 후의 생산성을 비교할 수 없으며, 개선에 따른 조직의 성장 상황도 파악이 안 되어 개선에 대한 동기부여도 형성되지 않는다.

그래서 스토어관리에서는 작업 카드에 아웃풋 내용을 명시하도록 한다. 아웃풋은 원하는 품질을 조직 안에서 미리 검토, 합의한 다음 작업을 시작한다. 예를 들면 'ㅇㅇ조사는 경쟁사의 핵심 사양에 관한 일람표를 작성할 것'과 같이 하면 된다.

그런데 만약 아웃풋을 규정해 두지 않으면 어떻게 될까? 필요한 사양을 조사하지 않은 것도 당연히 문제가 되지만, 그 작업을 하는 사원은 발매 시기나 판매 루트 등과 같은 불필요한 사항까지 조사할 가능성이 있다. 필요하지도 않은 일에 쓸데없이 시간과 비용을 낭비하는 결과를 초래하는 것이다. 이는 아웃풋을 규정해 두지 않아서 발생하는 일로, 사원들이 시간을 낭비하며 불필요한 작업에 에너지를 소비하는 결과를 낳는다.

작업 카드를 이용한 아웃풋의 시각화를 통해 미리 조사 항목을 정해 두면, 필요 충분한 수준에서 작업의 품질을 맞출 수 있다. 조건을 정비한 후에 개선 활동에 착수할 수 있게 되는 것이다.

작업 카드에 규정된 품질을 충족시키기 위해서 적당한 시간과 견적도 포함해 두어야 한다. 아웃풋에 의해 시간에 제약을 두면 과잉 품질을 미연에 방지할 수 있기 때문이다.

작업 카드에는 추구하는 품질과 시간 견적을 기입해 둔 후에 작업에 착수하고, 작업 종료 후에는 실제로 소요된 시간을 적는다. 예상과 실제로 걸린 시간에 큰 차이가 있다면 개선 카드에 그 차이를 기입한다. 그런 다음 왜 시간 차이가 발생했는지를 파악하고 개선책을 검토하게 한다. 아웃풋의 품질을 정의한 후에 작업을 진행하므로 작업에 걸린 실제 시간을 비교하기가 쉽다. 결국 개선의 효과는 시간의 단축이라는 형태로 나타나게 되는 것이다.

3

업무 체제의 시각화

TOYOTA 사원의 능력과 부하를 시각화한다

아웃풋의 시각화를 실현하면 각각의 사원들에게 요구하는 작업 수준이 정리가 된다. 따라서 생산성의 비교에 따른 개선점을 찾아내기가 수월하다. 이런 정리가 필요한 이유는 사원들 각각의 능력이 다르기 때문이다. 사원 모두의 능력이 기계처럼 모두 같고 작업에 걸리는 부하량도 모두 균등하다면, 아웃풋의 시각화는 필요하지 않다. 사원 모두가 같은 시간에 같은 양의 작업을 같은 품질로 만들어 낼 수 있기 때문이다. 하지만 현실에서 그런 조직은 존재할 수 없다. 인간의 능력에 의존해야 하는 사무 현장의 경우는 특히 더 그렇다고 볼 수 있다.

바꿔 말하면 사원에게는 능력의 차이가 있기 때문에 품질이나 일의 진행 상황에 편차가 발생할 수 있다는 얘기이다. 그래서 아웃풋의 시각화를 실현한 후에 해야 할 일이 바로 직원들의 능력과 일의 부하 상태를 시각화하는 것이다. 그렇게 되면 사원들 능력의 편차를 없애고 결함을 미연에 방지할 수 있다.

완료된 자료만으로는 누가 무엇을 하고 있고 어느 정도의 처리 능력을 갖고 있는지, 사원 한 사람 한 사람의 능력이나 부하량을 볼 수가 없다. 각각의 사원들에게 일을 할당한 뒤, 각 사원의 책임 하에 작업하도록 하는 것이 책임 소재도 분명하고 관리하기도 쉽다.

그러나 이 같은 관리가 통하려면 사원들의 처리 능력이 균등하게 높아야 하며, 일도 안정적으로 진행될 경우에만 가능하다. 하지만 대부분의 경우 사원들의 능력에 차이가 있을 뿐만 아니라 처리하는 일의 양에도 차이가 있다. 무엇보다 사소한 업무량의 변동에도 견디지 못한다면, 사무 현장에서 도요타식의 '저스트 인 타임'을 실현하기는 매우 어렵다.

그렇다면 실제로 무엇을 어떻게 시각화해야 할까? 가장 중점이 되는 것은 각 사원의 능력과 부하량이 균형을 이루고 있는지를 시각화하는 것이다.

능력과 부하량이 균형을 이루고 있는지를 알 수 없다면, 능력이 떨어지는 사원에게 부하가 많이 걸리는 작업이 할당되어 품질에 문제가 발생할 수 있다. 게다가 문제가 발생할 때까지 그것을 인지하지 못하고 있는 경우가 생긴다면 더욱 큰 문제다.

한편, 능력이 많은 사원에게 부하가 낮은 작업을 할당하면 능력이 남아도는 일이 생긴다. 즉, 일에 필요한 역량(부하)과 개인의 능력이 균형을 이루지 못해, 능력 부족과 능력의 잉여가 동시에 일어나는 비효율적인 상황을 초래하고 만다.

그렇다고 능력이 높은 사원에게만 작업을 할당한다면 그 사원은 혼자 항상 바쁠 것이다. 반대로 능력이 적은 사원은 어떤 능력을 갖고 있는지를 알 수 없고, 어떤 육성 계획이 필요한지를 모르게 되어 그 사원에게 필요한 교육이 이뤄지지 않게 된다. 모든 직원의 능력이 골고루 높지 않은 이상, 능력에 알맞게 업무량을 할당하면서 조직의 발전을 모색해야 한다.

능력과 부하의 시각화를 목적으로 한 스토어관리의 핵심은 작업 카드를 담당자별로 붙여 두는 것이다. 현재 어떤 사원이 어떤 작업을 수행하고 있고, 이후 어떤 작업을 할 예정인지 알 수 있기 때문에 각 사원에게 걸리는 부하가 일목요연해진다. 사원들의 능력에 관해서도 작업 카드의 할당 상태를 통해 분석할 수 있다.

능력은 두 가지 측면으로 볼 수 있는데 '양'적인 측면과 '질'적인 측면이다. 양적인 면은 작업을 한 순수한 과정을 말하며 질적인 면은 작업의 내용에 관한 것이다.

해낼 수 있는 작업량은 작업 카드를 소화하는 속도를 보고 파악할 수 있다. 작업의 질 즉, 담당할 수 있는 작업의 내용에 관해서는 각각의 사원에게 어떤 작업 카드가 할당되었는지를 살펴봄으로써 파악할 수 있다.

각 담당자마다 작업 카드를 붙이게 함으로써, 각 사원에게 걸리는 부하와 처리 능력을 파악할 수 있고, 또 일과 능력의 적합성을 관리하면서 작업을 할당할 수 있다. 이에 따라 능력이 부족하거나 능력이 남아도는 일없이 균형 잡힌 작업 관리를 실현할 수 있는 것이다. 이는 조직의 역량을 효율적으로 이용할 수 있게 해 준다.

특히 능력을 시각화하면 각 사원들이 할 수 있는 일과 할 수 없는 일이 뚜렷이 드러나게 된다. 즉, 각각의 작업에 필요한 전문성을 사원별로 통합한 '스킬 맵'을 그릴 수 있게 된다. 이는 조직에게 기업에 필요한 인재만들기를 위한 방향을 제시해 준다.

4

업무 진행의 시각화

업무 속도를 시각화하여 이상 징후를 감지한다

예를 들어 자동차로 A지역에서 B지역까지 간다고 하자. 고속도로로 가면 A에서 B까지는 약 160킬로미터가 된다. A에서 10시에 출발하여 B까지 12시에 도착해야 한다면, 운전자는 시속 80킬로미터 정도로 달리면서 계속 속도계를 확인할 것이다. 만약 중간에 도로가 정체되어 1시간이 지나도 속도계가 60킬로미터 정도에 머물러 있다면, 약속 시간에 늦을 것이라고 예상하고 미리 연락을 취할 것이다. 아무런 생각도 하지 않고 마구 달리다가 B에 도착한 후에 비로소 약속 시간에 늦었다는 것을 깨닫는 사람은 없을 것이다. 만약 그렇게 한다면 약속을 한 상대는 매우 불쾌해할 것이 분명하다.

당연한 행동처럼 생각되지만 비즈니스 세계에서는 이러한 당연한 일도 실현할 수 없는 경우가 많다. 업무의 공정을 담당자 한 사람만 알고 있기 때문에, 어떤 문제가 발생하여 드러나기 전까지는 커뮤니케이션이 안 되어 문제를 깨닫지 못하는 조직이 있다는 것이다.

　업무를 시작해서 종료하기까지의 과정 중에는 여러 가지 이유로 업무가 중도에 멈추거나 변경되기도 하며, 또 다른 업무가 추가되기도 한다. 이를 담당 사원 혼자 감당하게 된다면 문제가 발생한 시점에서는 이미 손을 쓸 수 없게 된다.

　도요타 생산방식에서는 일을 시작하는 지점과 마치는 지점만 관리하는 것이 아니다. 일의 시작에서 마칠 때까지의 전 과정의 이상을 관리한다는 사고방식을 갖고 있다. 납기나 리드타임을 점검한다고 해서 공정 중의 문제를 발견할 수 있는 것은 아니다. 따라서 현 시점에서 공정이 어떤 상태에 있는지 파악하기 위해서는 공정의 속도를 실시간으로 알 수 있도록 시각화하여 관리해야 한다. 이것이 '업무 속도의 시각화'이다.

　간판생산에서 속도를 시각화할 수 있는 도구로는 '안돈'과 '생산 진행 관리판'이 있다. 이것은 시간이 지남에 따라 진전되는 목표에 대해 실적이 따라가고 있는지를 나타내는 도구이다. 따라가지 못하고 있으면 그 시점에서 대책을 세울 수 있기 때문에 하루의 작업이 끝난 다음에 목표 미달이라는 결과를 받아들일 염려가 줄어든다.

　스토어관리에서도 동일한 형식을 취할 수 있다. 그것은 '진행 관리판'이라고 부르는 도구를 통해서 할 수 있다. 이 진행 관리판 방식을 실현하려면 작업 카드에 적힌 작업 내용별 소요 시간을 재차 정의하여, 1시간에 어느 정도의 작업 카드를 처리할 것인지를 결정해야 한다.

예를 들면 '2장/h'라는 식이다. 4명이 일하는 현장에서 작업 속도가 1시간당 2장, 1일 근무시간이 9~18시까지로 실제로 일하는 시간이 8시간이라고 하자. 그러면 하루에 16장의 카드를 처리해야 한다. 진행 관리판에는 16등분의 눈금과 '10시', '11시' 등 시간 경과를 나타내는 눈금을 그어 둔다.

이 진행 관리판에 완료한 작업 카드를 나열해서 붙여 둔다. 이렇게 하면 시간의 경과에 맞춰 작업이 잘 진행되고 있는지를 쉽게 파악할 수 있다. 예를 들어 14시 시점에서의 작업 카드의 눈금은 8인데, 실제 작업이 완료된 작업 카드가 7장만 나열되어 있다면, 이는 작업이 지연되고 있음을 의미한다.

이렇게 속도의 시각화를 실현하지 않고 하루의 업무 종료 시점에서 작업 카드 수만 관리한다면, 작업이 지연되고 있어도 끝마칠 때까지 알 수가 없다. 문제에 대한 대응이 크게 늦게 된다는 것이다. 따라서 이 방법은 실시간으로 일의 처리 속도를 감시하고, 공정 중에 발생하는 문제점을 단 1초라도 빨리 감지하고 대응하도록 해 준다.

5 업무 생산성의 시각화

시각화는 업무 수행 능력을 평가하는 척도이다

단순히 개선을 반복한다고 해서 개선 활동의 성과가 나오는 것은 아니다. 인간은 개선 결과에 대해 성취감을 느끼지 못하면 지속성을 갖지 못하고 마침내는 중단해 버린다. 뿐만 아니라 개선 결과가 조직에 진정으로 도움이 되는지도 모르는 채, 혹은 개선이 아니라 '개악'이 진행되는지도 모른 채 진행하다 언젠가는 조직 전체의 능력을 떨어뜨리는 일을 초래하고 만다.

이러한 잘못된 개선을 방지하기 위해 필요한 것이 '생산성의 시각화'다. 현재 생산성이 어떤 수준에 있는지를 볼 수 있게 하고, 개선 활동을 통해 생산성이 향상되고 있는지를 규명함으로써 개선의 방향성을 확인하고 사원들의 개선을 위한 동기부여를 유지해 나갈 수 있다.

일의 아웃풋을 평가하는 항목에는 Q(품질)·C(원가)·D(납기)·S(안

전·신뢰)가 있다. 그러나 이 아웃풋만으로는 생산성의 시각화는 실현이 불가능하다. 어느 정도로 효율성 있게 생산이 이뤄지는지 인풋과의 비교를 통해 평가되어야 생산성의 진정한 의미를 파악할 수 있다.

예를 들어 '개선의 결과로 잔업시간이 줄었다'는 경우를 들어 보자. 잔업 시간이 준 것이 개선에 따른 것이 아니라, 단지 일 자체가 줄어 잔업하지 않아도 되는 경우가 있기 때문이다.

투입된 공수나 원가에 비해 아웃풋을 보다 효율적으로 창출하게 만드는 것이 진정한 개선이다. 일의 양은 그대로인데 잔업이 줄었는지, 공정을 추가하지 않고 일정한 원가로 품질이 향상되었는지, 투입된 자원에 비해 어느 정도의 아웃풋(Q·C·D·S)이 창출되었는지를 알 수 있게 시각화하면 조직의 생산성을 알 수 있다. 따라서 시각화는 조직의 업무 수행 능력을 평가할 수 있는 '척도'가 되는 것이다.

TOYOTA **인풋과 아웃풋을 작업 카드 매수로 평가한다**

사무직의 생산성은 인풋에 해당되는 부분이 노동 시간과 거의 같다. 사무직의 일은 대부분이 노동력이기 때문이다. 이 점은 다양한 변수가 복잡하게 얽히고설킨 제조 현장의 생산성과 비교하면 단순하다. 노동 시간을 분모, 작업의 아웃풋을 분자로 한 수식으로 사무직의 생산성을 구할 수 있다.

여기서 문제가 되는 것은 일의 아웃풋이 제각각이어서 측정하기 어렵다는 점이다. 아웃풋이 제각각이라는 것은 사무직의 특성을 잘 말해준다. 사무직의 업무에서 비롯되는 아웃풋은 다양하다. 유형의 것과 무형의 것이 공존하고 있어 그것을 공통적으로 측정할 수 있는 단위는 없다. 어느 날은 1시간당 견적서를 2장 작성하고, 또 어느 날은 1시간당 5명의 고객 문의에 대응한다고 하더라도, 어느 쪽의 생산성이 높은지 판단할 수가 없다.

그러나 어떤 형태로든 지표를 만들어야 하지만 개선에 따른 생산성의 변화를 파악할 수가 없는 것도 사실이다. 도요타 생산방식에서는 현지 현물로 현장에서 즉시 실행할 수 있는 관리나 개선을 요구한다. 작업 일지를 토대로 월말에 생산성을 집계하여 보고한다면 손을 쓸 수도 없고 개선을 할 수도 없기 때문이다.

따라서 현장에서 개선 활동을 할 때 노동 시간과 아웃풋 상황의 시각화를 하는 것이 개선 행동을 할 때 없어서는 안 된다. 스토어관리에서는 작업의 인풋과 아웃풋의 시각화가 중요하다. 이렇게 함으로써 생산성을 시각화할 수 있게 된다.

인풋인 작업 시간에 대해서는 스토어 그 자체로도 명확히 알 수 있게 할 수 있으며 노동시간과 같기 때문에 작업일지를 봐도 쉽게 알 수 있다. 한편 아웃풋에 대해서는 처리된 작업 카드의 매수로 파악할 수 있다. 이때 필요한 것이 작업 카드 한 장에 소요되는 시간(규모)을 통일하는 것이다.

예를 들어 작업 카드 시간을 2시간으로 통일한다면, 2시간에 해낼 수 있는 작업량에 대한 견적을 낸다. 견적서를 작성하는 경우는 3장, 고객 문의에 대한 대응은 4건이라는 식으로 한다. 물론 누가 그 일을 담당하느냐에 따라 양은 달라질 것이다.

이때 실제로 2시간 내에서 해낼 수 있는 작업의 양을 예측할 때에는 실제로 그 조직에서 평균적인 능력을 가진 사원(3~5년 정도의 경험자)을 기준으로 하면 된다. 그중에는 2시간이 안 걸리는 작업도 있을 것이다. 이런 경우에는 1시간 카드나 4시간 카드가 있어도 좋다. 단지 카드수를 셀 때는 1시간은 0.5장, 4시간은 2장로 환산하도록 한다.

그러고 나서 일정 시간에 어느 정도의 작업 카드를 소화해 냈는지를 살펴봄으로써 아웃풋을 수치화할 수 있다. 예를 들어 1주일이 지난후에, 저번 주는 1일 평균 23장의 작업 카드를 소화해낸 것에 비해 이번주는 27장를 소화했다면 생산성은 17%가 향상되었다는 식으로 평가할수 있다.

TOYOTA 생산성의 시각화로 생산 편차를 줄인다

생산성이 말해 주는 것은 현상과 개선의 효과만이 아니다. 품질이나 납기에 관한 문제에 관해서도 말해 준다. 일하는 도중에 발생하는 문제는 가장 먼저 생산성이라는 형태로 나타나기 때문이다.

작업 도중에 품질에 문제가 생기면 당연히 생산성은 떨어진다. 반대로 개선을 실시하지 않았음에도 불구하고 갑자기 생산성이 올랐다면 공정의 일부를 생략해 버렸을 가능성도 있다. 이는 나중에 중대한 품질 문제로 드러날 수 있다.

생산성이 낮은 것은 물론이거니와 갑자기 치솟는 것도 좋지 않다. 도요타 생산방식에서는 ±0가 적합하다고 생각한다. 생산성이 높든 낮든 거기에는 반드시 원인이 있으며, 원인이 불명확하면 원인을 조사해야 한다. 이러한 생산성의 시각화는 개선의 여지를 찾아내는 계기가 되기도 한다.

도요타 생산방식에서는 작업을 '정미 작업'과 '비정미 작업'으로 나눠서 생각한다. 정미 작업이란 목적과 바로 직결되는 작업이고, 비정미 작업은 목적과 관계가 없는 작업이다. 앞의 '관점의 DNA'에서 설명한 것처럼, 가장 먼저 개선해야 할 핵심 사안은 작업 자체를 줄이기보다 대기 시간 등과 같이 고객의 관점에서 가치가 없는 작업을 줄이는 것이다. 즉, 비정미 작업인 낭비 작업을 가장 먼저 개선해야 한다는 것이다.

생산성의 시각화를 실현하면 이 비정미 작업의 존재가 드러난다. 예를 들어 1일 노동시간이 8시간인데 실제로는 2시간짜리 작업 카드를 3장만 소화했을 경우가 그렇다. 이때 2시간의 차이가 발생하는 것은 비정미 작업에 시간을 빼앗겼기 때문이다. 바로 불필요한 작업에 허비한 시간을 말하는 것이다.

이 비정미 작업의 시간은 일반적으로 노동시간의 30~50%에 이르는 것으로 알려져 있다. 이 비정미 시간을 줄여서 정미 작업에 충당할 수 있다면, 생산성은 높아질 것이다. 이렇게 생산성을 시각화하면 비부가가치 작업 시간이 명확히 밝혀진다.

생산성의 시각화에 있어서 가장 어려운 것은 작업 시간의 견적을 내는 일이다. 분명히 견적의 정확도는 중요하다. 하지만 정확도를 절대적인 조건으로 규정하고 그것에 구속되기 시작하면 개선은 영원히 불가능하다.

각 조직 간의 생산성의 차이를 비교하고 측정하는 것은 불가능하며 필요하지도 않다. 작업 카드에 따른 생산성의 시각화는 조직의 관리 및 개선의 효과를 시각화하려는 것이 목적이며, 결코 절대적인 지표가 되지는 않는다.

사원들이 개선을 시작한 시점을 기준으로 하여, 개선 활동이 진전됨에 따라 생산성이 높아지고 있는지를 볼 수 있게 하면 된다. 작업 시간의 견적 기준이 변하지 않았다면 상대적인 생산성의 변화는 쉽게 알 수 있다. 이것이 사원들에게 개선 활동을 추진하게 해 주는 동기부여를 제공하는 것이다.

사무직의 생산성을 정확히 측정하기 위해서는 사무직 업무의 아웃 풋을 정확히 정의하고 측정할 수 있는 수단을 마련해야 한다. 그렇지 않으면 계속해서 의문의 여지가 남게 될 것이다. 그러나 개선을 진행하고 조직력을 고양하기 위해서는 기업에서 측정할 수 있고, 개선의 효과를 느낄 수 있는 지표가 필요하다.

스토어관리에서는 작업 카드의 수를 통해 생산성을 측정한다. 다음 월별 생산성 추이 그래프는 영업 업무를 하는 한 어느 조직의 월별 생산성 추이를 보여 주고 있다.

▶ **월별 생산성 추이 그래프**

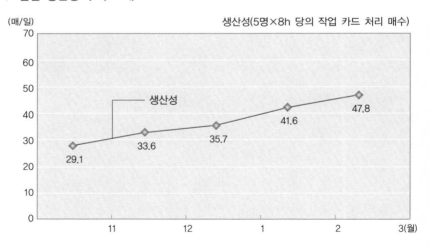

이 그래프는 5명 이상이 작업하는 사무 현장에서 스토어관리로 5개월 동안 개선을 실천한 결과다. 작업 카드(업무의 아웃풋)의 매수를 계산하여, 그날의 카드 처리 매수로 생산성을 이끌어 내고 있다. 휴식이나 출장 등으로 인원수가 변하거나 잔업도 할 수 있다.

그리고 하나하나의 작업량도 다르기 때문에 실제로 처리된 카드의 숫자만으로는 비교하기 어렵다. 따라서 작업의 표준 사이즈를 정하고, 각각의 작업 카드를 이 표준 사이즈에 대한 크기로 구해서, 표준 사이즈 카드로 환산한 기준으로 계산한다.

노동시간도 5명×8시간 노동을 1일의 표준으로 하여, 이 표준 조건을 통해 환산한 노동시간 내에 처리된 카드의 수와 생산성을 나타내고 있다. 11월에는 하루 평균 29.1장이 처리되었고, 3월에는 47.8장이 처리되어 생산성은 64%가 향상되었다.

실제로 이 조직은 잔업이 줄어들자 서비스의 범위를 확대하여 회사의 재도약을 모색할 수 있었다.

다음의 1일 동안 생산성 이동 그래프 A를 보면, 생산성의 편차가 ±30~50%나 되어, 며칠 동안의 비교만으로는 생산성이 향상되었다는 것을 판단하기 어렵다. 실제로 개선이 이루어진 기업에서도 하루하루의 생산성에 편차가 많아 일희일비하는 등 생산성이 높아지고 있다는 사실을 확신할 수가 없었다. 그러나 1개월이 지났을 때쯤부터 생산성이 상승 기조에 있다는 것을 알 수 있었고 자신감을 갖게 되었다. 사무직의 업무는 매일 다른 일을 할 뿐 아니라 각각의 리드타임도 다르다.

이 때문에 작업이 완료된 상태에서 작업 카드를 계산하면 완성품이 집중되거나 완료되지 않는 날이 있어서 일간 생산성에 편차가 발생한다. 이처럼 1일 단위로는 개선효과를 파악하기 어렵다. 생산성에 대한 지속적인 확인을 통해 개선의 효과를 알 수 있는 것이다.

▶ 일일 생산성 그래프 A

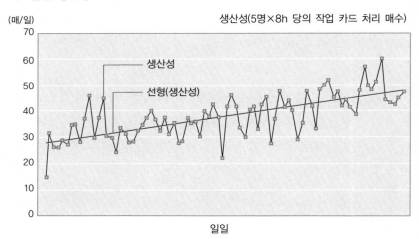

일간 생산성 그래프 B는 소프트웨어 개발 업무를 하고 있는 조직
의 생산성 추이 그래프이다. 이 곳도 일간 생산성에 편차가 컸고 생산
성이 향상되고 있는지를 알 수 없었다. 그러나 주간 단위로 추이를 살
펴보자 생산성이 향상되고 있음을 알 수 있었다. 2개월이 채 안 되는
개선 활동 기간 중에 생산성이 83%나 향상되었다.

▶ **10일 간격 생산성 그래프 B**

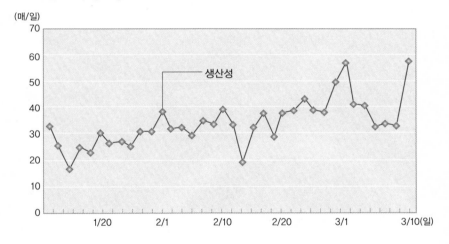

낭비를 철저히 배제하는 일이 주요 핵심인 도요타 생산방식은 기업의 경쟁력을 강화하기 위해 고안해 낸 방식이다. 하지만 그렇다고 해서 꼭 기업만 활용하라는 법은 없다. 개인은 물론 정부와 각 조직 단체도 활용한다면 생활과 그 외에 있어서도 질을 한 단계 향상시킬 수 있을 것이다.

CHAPTER 3

A

개선을 진전시키는
스토어관리

다시 한 번 강조하건데 간판방식이나 스토어관리는 단순한 도구다.
따라서 이를 잘 다룰 수 있는 운용자를 육성해야만
스토어관리도 효과를 낼 수 있다.
조직에 맞는 도구를 도입하고 운용자에 대한 교육 훈련까지
동시에 병행해야 비로소 '개선' 을 통해 성과를 얻을 수 있는 것이다.

개선과 스토어관리

성과를 내는 것은 개선이지 스토어가 아니다

스토어관리에서 실현할 수 있는 다양한 측면의 '시각화'에 대해서 살펴보았다. 지금까지 애매했던 업무의 내용을 스토어관리를 통해 파악할 수 있게 한 것만으로도 업무 방식이 많이 변한 것을 실감할 수 있을 것이다. 그러나 이때 빠지기 쉬운 함정이 스토어관리에 대해 갖고 있는 본질적인 오해다. 스토어관리는 개선을 위한 하나의 도구에 지나지 않는다. 이 점을 간과하고 스토어관리를 조직에 도입하는 것에만 신경을 써서 시간을 낭비한다면 개선은 전혀 이루어지지 않는다.

도요타 생산방식에 관한 컨설팅을 하면 기업 담당자들에게 이런 질문을 자주 듣는다.

"도요타에서는 어떤 체계로 하고 있나요?", "도요타식의 생산관리

시스템을 도입하고 싶은데 그 시스템을 도입한 다른 제조업체를 소개해 주세요."

　대부분 간판생산 등과 같은 도요타의 방식을 무조건 도입만 하면 업무 개선이 이뤄진다고 착각을 하고 있는 것 같다. 이 또한 도요타식 생산방식에 관한 큰 오해 가운데 하나다.

　사무 현장의 스토어관리도 마찬가지다. 실제로 스토어관리에 흥미를 나타내는 기업의 담당자들 중에는 스토어관리의 도입만으로 개선이 이뤄질 것이라고 막연히 믿는 사람들이 아주 많다.

　앞에서도 언급했지만, 간판생산과 스토어관리를 자동차에 비유한다면 F1 경주용 자동차와 같은 것이다. 직선 코스만을 달린다면 가속 페달을 밟기만 해도 일반 차와 비교할 수 없을 만큼의 속도(개선 효과)가 나올 것이다. 그러나 실제 코스에는 직선만 있는 게 아니다. 여러 형태의 커브(회사를 둘러싼 비즈니스 환경)가 있으며, 이것들을 잘 극복해 내는 운전자(운용자)의 기술(의식과 관리, 개선 능력)이 경주의 결과(비즈니스 성패)를 좌우한다.

　운전자뿐만이 아니다. 일반 자동차와는 전혀 다른 F1은 뛰어난 기술(개선 능력)을 가진 사원(관리자)이 있어야만 참여할 수 있는 팀 경기(비즈니스 경쟁)이다. 다른 팀(경쟁사)의 출전이나 기후(경영 환경)에 대한 최적의 튜닝(개선)을 사원(관리자)이 하도록 함으로써 결과가 크게 달라지는 것이다. 이런 사실을 간과한 채 개선 능력을 가진 사원도 없이 일반 자동차를 운전하는 감각으로 F1 자동차를 운전한다면 결코 좋은 승부를 낼 수가 없다. 뿐만 아니라 오히려 운전이나 자동차의 튜닝 부족으로 큰 사고(역효과)를 초래할 수도 있다.

다시 한번 강조하건데 간판방식이나 스토어관리는 단순한 도구다. 따라서 이를 잘 다룰 수 있는 운용자를 육성해야만 스토어관리도 효과를 낼 수 있다. 조직에 맞는 도구를 도입하고 운용자에 대한 교육 훈련까지 동시에 병행해야 비로소 '개선'을 통해 성과를 얻을 수 있는 것이다.

어떤 방식이든 개선이 전제가 되어야 한다

변화하기 위해서는 반드시 개선해야 한다. 간판방식 등과 같은 도요타식 생산방식의 다양한 도구는 이 개선이 전제가 되어야 운용할 수 있다. 도구란 현장에서의 개선을 촉진하고 개선해야 할 점을 제시하기 위해 필요한 것이다.

간판에 따른 생산관리에서도 간판의 잔여 수나 속도를 시각화해서 현재의 생산 상태와 문제가 되는 부분을 알 수 있다. 간판방식의 도입이 가져오는 효과는 여기까지다. 생산 상태를 분석하고 닥친 문제를 어떻게 처리할지는 결국 현장에 있는 사람들의 개선 능력에 달려 있다.

이때 개선을 늦추거나 소홀히 하면 순식간에 간판이 부족해지고 라인은 멈춰 버린다. 개선하지 않으면 안 되는 상태로 밀어 넣는 것이 간판방식 등과 같은 도구다.

스토어관리의 경우 간판에 상당하는 것이 작업 카드이다. 작업 카드의 움직임이나 실적이 업무의 현상과 개선할 점을 부각시켜 주는 것이다.

사무 현장의 효율화를 저해하는 것은 '버퍼(비정미 작업, 또는 필요 이상의 여력)'의 존재다. 따라서 효율화를 모색할 때는 버퍼를 점진적으로 줄여나가야 한다. 버퍼를 양산하는 업무의 낭비와 무리, 불균형이 어디에서 시작되고 어떤 정도인지를 명백히 밝혀 이를 줄이는 개선을 되풀이해야 한다.

스토어관리의 도입이 직접적인 성과를 가져오는 것은 아니다. 스토어관리를 도입해서 더욱 높은 단계의 스토어관리를 목표로 개선을 지속할 때 조직에 성과를 가져온다.

2 스토어관리에 따른 개선 진행 방법

스토어관리에도 개선이 전제되어야 한다

스토어관리에 따른 개선에서는 가장 먼저 무리(방만한 관리, 무리한 작업), 낭비, 불균형을 배제하는 것이 가장 큰 목표다. 이것들은 사무 현장 업무의 QCDS를 저해하는 것들이다.

도요타 생산방식에서는 무리·낭비·불균형을 명백히 밝히기 위해 '정미 작업'과 '비정미 작업'으로 분류를 한다. 정미 작업이란 말 그대로 실제적으로 고객 가치를 창출해 내는 작업을 말한다. 비정미 작업이란 고객 가치 창출과 직접적으로 관련되지 않는 작업을 말한다.

그렇다면 양자 중에서 어느 쪽을 먼저 개선해야 할까?

정미 작업은 업무의 품질 등이 고객 가치와 직결되기 때문에 충분한 검증을 거치면서 신중히 임해야 한다. 개선이라는 미명 하에 작업의 일부를 변경하거나 생략하면 품질이나 고객 가치가 떨어질 수 있다. 때문에 개선 전보다 오히려 더 악화될 수 있다.

비정미 작업은 고객 가치와 직결되지 않으므로 개선에 착수하기가 수월한 편이다. 이 비정미 작업에는 다양한 것들이 있는데 무리·낭비·불균형이라는 관점에서 살펴보면 개선의 대상이 떠오른다. 스토어 관리에서는 이 무리·낭비·불균형을 작업 카드의 움직임이나 운용 데이터 등을 통해 현장에서 문제점을 바로 인식할 수 있게 한다. 다시 말해 현장에서 개선이 이뤄지도록 촉진하는 것이다.

먼저 '낭비'를 살펴보자. 낭비에는 2종류가 있다. 그중 하나는 조직에 필요하지 않는 '조직 낭비'며, 나머지 하나는 고객에게 가치가 없는 '고객 낭비'다.

조직과 고객에게 있어서 불필요한 것이 있다면 배제하는 것은 당연하다. 그런데 문제는 조직과 고객 중 한쪽에만 낭비가 되는 것은 어떻게 처리해야 하는가이다. 업무를 처리하다 보면 고객에게는 가치가 없지만 조직에게는 필요할 경우가 있다. 제조업체의 재고가 바로 그 전형이다. 재고는 고객이 원하는 것은 아니지만 조직에게는 필요한 것이다. 즉, 재고의 관리는 조직의 관점에서 보면 '정미 작업'이지만, 고객의 관점에서 보면 가치를 생산하지 않는 '비정미 작업'이다. 업무의 목적이 고객 가치의 극대화라는 관점에서 본다면 당연히 없애야 하는 낭비인 것이다.

하지만 아무리 고객에게 낭비라 해도 조직에게는 필요한 것이므로 개선 대상으로 생각하기는 어렵다. 이처럼 조직에게는 필요하지만 고객에게는 불필요한 것들을 줄이는 작업이 이뤄진다면 경쟁사가 따라

잡을 수 없는 큰 성과를 이룰 수 있을 것이다. 도요타의 강점은 고객 관점에서 볼 때에 낭비를 줄이는 개선을 이뤄 낸 것에 있음을 기억하자.

도요타 생산방식에서는 7가지의 관점에서 이 낭비를 찾아낸다. 이는 '가공 그 자체의 낭비', '불량을 만들어 내는 낭비', '운반의 낭비', '과잉생산의 낭비', '재고의 낭비', '동작의 낭비', '대기의 낭비' 등의 7가지다.

생산현장에서 낭비를 인식하는 방법은 사무 현장에서도 적용할 수 있다. 7가지의 낭비를 토대로 사무 작업의 낭비를 다시 정의해 보자.

'가공 그 자체의 낭비'는 사무 현장의 경우 '가치가 없는 작업을 하는 낭비'를 말한다. '불량을 만들어 내는 낭비'는 사무 현장의 경우, 입력 오류나 계산 오류에서 오는 '작업 오류의 낭비'를 말한다. '운반의 낭비'는 조직 내외에서 이뤄지는 상하 또는 수평적 정보 전달 시 업무의 서투름이 초래하는 '정보 전달의 낭비'를 말한다.

'과잉생산의 낭비'는 요구하거나 지시하지 않았는데도 작업하는 것을 말한다. '재고의 낭비'는 '처리를 기다리는 작업의 낭비'로, 마무리하지 못하고 작업을 기다리는 작업 조건의 문제로 인한 낭비이다.

'동작의 낭비', '대기의 낭비'는 사무 작업에서도 똑같은 '동작의 낭비', '대기의 낭비'이다. 작업자에게 일임해 둔 채로 부가가치가 형성되지 않는 일을 하는 것이 '동작 낭비'이며, 사원이나 설비가 움직이지 않은 채로 기다리고 있는 것이 '대기의 낭비'이다.

낭비의 원인을 제거한다

스토어관리에서는 작업 카드의 움직임이나 운용 데이터를 통해 낭비 요소를 밝혀 낸다. 예를 들면 작업 카드에 적힌 작업에 소요될 예상 시간과 실제 시간에 차이가 있는 경우를 들 수 있다. 회의를 통해 이 차이가 왜 발생했는지 그 원인을 밝혀 낼 수 있다. 예상했던 것보다 시간이 더 많이 걸리거나 짧게 끝났을 때 그 편차에서 개선점을 발견할 수가 있는 것이다. 작업 시간의 불안정이 사원 단위나 작업 단위가 아니라, 동일한 사원이 동일한 환경에서 작업을 할 경우에도 반복된다면 여기에는 몇 가지 원인을 찾아볼 수가 있다. 먼저 생각해 볼 수 있는 원인은 탐색, 당혹감, 망각, 오류, 중단 등을 들 수 있다. 실제로 이런 일이 있었는지는 작업 담당자에게 직접 물어보면 분명히 알 수 있다.

직접 물어 볼 때 다음 5가지의 포인트를 중점으로 질문을 한다.

① 필요한 정보나 데이터를 알 수 없어서 탐색을 했는가?
② 작업 방법 등을 잊어버려 누군가에게 질문하거나 자료를 보면서 심사숙고 후 작업을 했는가?
③ 작업 방법에 자신이 없어서 당혹스러운 상태에서 번복을 하며 작업했는가?
④ 작업 도중에 작은 오류가 있어서 수정을 해야 했는가?
⑤ 작업이 중단되어 워칭 로스가 발생했는가?

위 항목들은 업무의 원활한 처리를 방해하는 요소들로 품질 문제를 일으키거나 생산성을 떨어뜨린다.

사무 현장의 경우 워칭 로스(2가지 이상의 작업을 수시로 바꿔가면서 수행할 때 다시 집중하는 데까지 소요되는 시간의 손실로 인한 능률 저하를 말한다.)의 원인 중에는 전화로 인해 몰두하고 있던 작업이 중단되는 것을 들 수 있다. 특히 최근에 문제가 되고 있는 것이 바로 이메일이 초래하는 워칭 로스이다.

실제로 어떤 기업에서 사무 작업 도중에 이메일 수신 통지가 화면에 떴을 경우의 워칭 로스에 대한 조사를 실시했다. 이때 대부분의 사람들이 작업을 중단하고 이메일의 내용을 확인하고 원래의 작업으로 돌아간다고 답했다. 이때 이메일을 확인하고 다시 업무로 돌아가기까지 21초가 소요되었다. 단지 원래의 작업으로 다시 돌아가는 시간이 아니라 이전의 작업 상태까지 참작해서 중단되기 전, 바로 그 상태로 돌아가는 시간을 의미한다.

이 기업에서는 하루에 한 사람당 평균 70통 이상의 이메일을 수신하고 있었다. 중단 횟수도 50회 이상이었다. 이 경우 사원 1인당 워칭 로스는 1개월에 약 6시간이 되는데, 사원이 60명인 이 기업은 1년 간 약 1억 5천만 엔의 인건비가 워칭 로스로 날아가 버리게 되는 것이다. 언뜻 보기에 워칭 로스는 매우 사소하게 보일지 모르지만 낭비를 줄이기 위한 개선을 실행하게 되면 그 존재의 크기를 실감할 수 있다.

예상보다 실제 시간이 더 많이 걸릴 경우에는 작업자에게 어떤 순서로 작업을 했는지를 물어보면 작업자가 느끼지 못했던 낭비를 발견할 수 있을 것이다. 반대로 예상보다 실제 시간이 짧았을 경우에는 작업 순서 중에 누락된 부분은 없는지, 예측할 때의 기준보다 너무 짧은 시간에 처리한 곳은 없는지를 확인하고, 작업 수행의 품질에 문제가 없는지 점검해야 한다.

만약 품질에 전혀 문제가 없이 사원들의 순수한 아이디어 때문에 시간이 단축되었다면 그 아이디어를 표준화하여 사원 전체가 공유할 수 있게 해야 한다.

TOYOTA **정미 작업 시간을 늘리기 위해 개선한다**

이 밖에도 스토어관리에서는 작업 카드에 기록하는 작업 시간을 분석하여 다양한 낭비 요소를 찾아낼 수 있다.

예를 들어 작업 카드를 집계한 결과 하루 작업 시간의 합계와 노동 시간의 합계가 맞지 않는 경우가 있다. 작업 시간의 합계와 노동 시간의 차이는 작업 카드에 지시되어 있지 않은 작업 시간이라고 할 수 있다. 애초에 지시되어 있지 않는 이상, 그것은 비부가가치 작업일 경우가 많다.

작업을 담당한 사원은 작업 카드에 규정되어 있지 않은 작업은 거의 모를 수밖에 없다. 그래서 카드에 적혀 있지 않은 작업이 무엇인지를 의식하고 기억할 수 있도록 해야 한다. 그리고 필요할 경우에는 기록을 해 두도록 한다. 이렇게 하면 비정미 작업이 무엇이었는지 분명해진다. 비정미 작업을 제거하고 그 시간을 정미 작업에 충당한다면 업무의 효율은 당연히 높아질 것이다.

어떤 날에는 작업 시간이 달라지는 경우도 있을 것이다. 예를 들어 어제와 오늘의 작업 시간에 차이가 있는 경우, 그 차이가 무엇인지를 살펴보면 이벤트가 있었거나 클레임이 발생했거나 갑자기 손님이 방문한 사실을 알 수 있을 것이다.

작업 시간의 차이가 각 사원마다 다른 경우도 개선해야 될 점의 하나이다. 대체로 조직의 리더나 경험이 많은 사원 등 주변에서 의지할 수 있는 대상이 되는 사람일수록 차이가 크게 난다. 의지가 되는 만큼 다른 사람을 위해 조언을 해 주거나 문제에 대응해 주면서, 자신의 업무 시간을 할애하기 때문이다. 본래는 가장 생산성이 높은 사람들이지만, 비정미 작업에 쫓긴 결과 생산성도 떨어지게 된다.

여기에 대응하기 위해서는 차이가 작은 사람과 큰 사람의 1일 작업 내용을 비교해 보면 된다.

업무를 시작하기 전의 준비의 차이를 비롯해 완료 후 처리의 차이 등을 비교해 보면 차이가 큰 사람이 어떻게 시간을 낭비했는지, 그렇지 않은 사람은 어떻게 현명하게 처리를 했는지 파악할 수 있을 것이다. 또한 조직의 공통적인 업무나 지원 업무 등에 있어서 할당이 편중되거나 각각의 업무 범위에 관한 문제도 보게 될 것이다. 이런 불균형을 해소하면 조직 전체에 하루 작업 시간의 편차가 해소되는 것이다.

✎ 개선 사례   정미 작업과 비정미 작업 분류를 통한 개선

다음 도표와 원 그래프는 영업 업무를 하는 직장의 정미 작업과 부가가치가 없는 비정미 작업의 비율에 대해 조사한 것이다. 직장 내에서 논의를 통해 정미 작업 판정 기준을 스스로 결정하고, 그 기준에 기초하여 분류하고 있다.

▶ **정미 작업과 비정미 작업의 그래프**

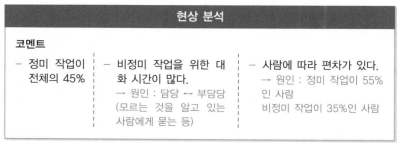

현상 분석

코멘트

– 정미 작업이 전체의 45%	– 비정미 작업을 위한 대화 시간이 많다. → 원인 : 담당 ↔ 부담당 (모르는 것을 알고 있는 사람에게 묻는 등)	– 사람에 따라 편차가 있다. → 원인 : 정미 작업이 55%인 사람 비정미 작업이 35%인 사람

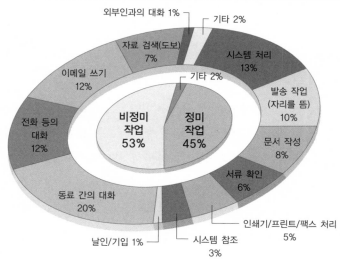

이 직장에서는 비정미 작업의 '낭비'를 찾아내서 낭비를 제거하는 개선 활동을 전개하고 있다.

다음 도표의 월별 막대 그래프는 이 직장의 정미 작업과 비정미 작업 비율의 추이를 나타내고 있는데, 비정미 작업 비율이 줄어든 만큼 정미 작업의 비율이 늘어난 것을 알 수 있다.

▶ 월별 정미 작업 비율의 추이 그래프

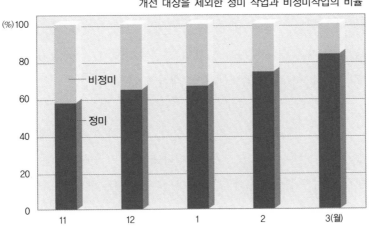

개선 대상을 제외한 정미 작업과 비정미작업의 비율

생산성을 높인다는 개선의 이미지는 작업을 신속하고 효율적으로 하기 위한 개선이라고 생각하기 쉽다. 하지만 이 직장의 개선 방식은 본래의 일이 아닌 비정미 작업으로 인해 발생하는 낭비를 없애고 정미 작업에 할애하는 시간을 늘리기 위한 개선이다. 정미 작업을 신속히 하자는 게 아니라 정미 작업에 할애하는 시간을 늘리기 위한 개선인 것이다.

정미 작업의 비율이 80%를 넘은 이 직장에서는 정미 작업을 판단하는 기준을 매우 엄격하게 하고 있다. 그리고 좀 더 고객의 관점에서 판단하려 하고, 새로운 판단 기준으로 재평가한 정미 작업 비율로 생산성을 향상시키려는 개선을 하고 있다.

TOYOTA 업무 밀도와 능력의 불균형을 제거한다

업무의 불균형은 바쁘거나 한가한 차이를 확대시키는 요인 중의 하나다. 편차의 축소를 중시하는 도요타 생산방식에서는 이 비일관성을 어떻게 없앨 것인가 하는 점도 중요한 개선 포인트다.

업무의 불균형에는 '밀도'의 불균형과 '능력'의 불균형이 있다. 밀도의 불균형은 업무에 걸리는 부하량이나 작업량의 편중, 집중이나 공백 등에서 생기는 불균형이다. 능력의 불균형은 업무 처리 능력의 편향이나 과잉 및 부족 등에서 초래되는 불균형이다. 어느 쪽이든 업무처리 과정과 작업자에 의해 초래되는 것이다.

이 중에서 밀도의 불균형을 규명해 보면, 그 대부분이 외부적인 요인에서 기인한다는 사실을 알 수 있다. 즉, 고객이 발주하는 업무의 양이나 시기 등의 편차에서 발생하는 경우가 많다.

하지만 아무리 도요타 생산방식이 편차를 싫어한다 하더라도 고객의 발주 방식까지 바꿀 수는 없다. 따라서 현실적으로는 외부적 요인의 편차를 받아들인 뒤에 조직 내에서 그 편차를 해소하기 위한 개선을 실행하는 것이다. 구체적으로는 발주에 대한 작업에 착수하기 전에 일정한 시간을 내부에 체류(재고화)하도록 하여, 조직 내에서 편차를 평준화해 나가는 것이다. 이 평준화는 스토어관리로 해결할 수 있다.

평준화하기 위해서는 스토어 상에서 작업 카드를 일별, 공정별, 또는 작업자별로 나열해서 어디에 카드가 많고 적은지를 볼 수 있게 한다. 그런 뒤에 카드가 많은 곳 중에서 이동할 수 있는 곳을 검토해서 카드가 적은 곳으로 이동한다. 이렇게 해서 스토어 상의 카드를 전체적으로 균등하게 조정할 수 있다.

그러나 현실적으로 이렇게 조정하는 것이 쉬운 일은 아니다. 그 이유 가운데 가장 큰 것이 업무 능력의 불균형 때문이다. 업무 능력의 불균형은 사원 각각의 업무 처리 능력의 불균형과 사원의 배치 불균형에서 초래된다. 처리 능력의 불균형에서는 사원이 대응할 수 있는 작업의 종류 즉, 능력의 '공급'과 실제로 발생하는 작업인 능력의 '수요'가 적절히 조화를 이루지 못한다.

배치 불균형도 마찬가지인데 조직 전체로서는 능력의 수요와 공급이 조화를 이뤄도 인적 할당이 현실을 반영하지 못하기 때문에, 능력의 수요와 공급의 불일치가 나타난다.

이를 해소하려면 사원들에게 적합한 교육 훈련을 실시해야 한다. 그렇게 함으로써 사원이 실행해야 할 작업의 종류와 양을 확대시킴과 동시에 각 사원들의 능력을 효율적으로 살릴 수 있는 적절한 배치가 이뤄지는 것이다.

단 교육 훈련을 마구잡이로 실시하면 또 다시 불균형을 초래한다. 업무의 밀도를 살펴보면서 누구에게 어떤 교육이 필요한지를 정확히 파악한 뒤 최소한의 교육으로 많은 효과를 발휘할 수 있는 인재만들기 계획을 세워야 한다.

도요타 생산방식에서는 한 사람의 작업자가 여러 가지 작업을 소화해낼 수 있도록 하는 '다능공화(多能工化)'라는 말이 있다. 사무 현장의 경우에도 사원의 다능공화는 업무의 개선 효과를 가져오지만 여기에 신축성을 가미하는 것이 무엇보다 중요하다.

그렇다면 어떻게 하면 신축성을 가미할 수 있을까? 이것을 가르쳐 주는 것도 바로 스토어관리이다. 스토어 중에서 카드가 균등하게 놓여질 수 있도록 카드를 옮기라고 언급했는데 사원들의 능력이 다르다는 제약 때문에 카드를 옮기고 싶어도 옮길 수 없는 경우가 있다. 예를 들어 작업이 A에서 E까지 5종류가 있고 그중에서 A 작업이 특별히 많다고 하자. 그럼에도 불구하고 A를 잘 다루는 사원의 수가 적어서 충분히 지원을 할 수 없을 때가 있다. 이는 능력의 수급이 조화롭게 이루어지지 않다는 것을 나타낸다.

가령 카드를 옮기도록 하는 교육 훈련을 예로 들어 보자. 작업을 할 수 있는 사원을 늘이기 위해 인재만들기 계획을 세우고, 이와 병행하여 각각의 능력을 효율적으로 살릴 수 있는 적절한 배치 관리 체계를 만드는 것이다. 모두에게 A부터 E까지의 작업을 가르치는 게 아니라 수급의 부조화가 일어나는 A 작업에 대해서만 중점적으로 교육하는 것이다. 이렇게 하면 교육 훈련의 효과를 극대화할 수 있다. 이렇게 교육 훈련의 핵심을 가르쳐주고 인재의 효율적인 배치를 실현해 주는 것이 스토어관리다.

스토어관리를 통해 업무의 평준화를 도모했음에도 불구하고 카드가 잘 이동하지 않는 이유는 능력의 불균형 외에도 몇 가지가 더 있다.

납기가 극단적으로 짧아서 조정을 위해 작업을 멈추게 할 수 없는 경우가 있고, 특정한 업무나 공정이 한 작업자에게 한번에 집중되는 경우도 있다. 또한 과거에 경험해 보지 못한 여러 가지 일이 한꺼번에 밀려오는 경우도 있다. 도중에 납기일이나 내용 등의 변경이 잦아서 업무의 우선순위가 혼란스러운 경우도 있다.

이렇게 능력의 불균형을 개선하는 것만으로 해소하기 어려운 문제를 다루는 방법은 다음에서 설명하도록 하겠다.

TOYOTA 만성적인 과부하를 없앤다

'낭비', '불균형' 다음으로 가장 마지막의 개선점인 '무리'는 과부하를 뜻한다. 이는 업무의 할당이 과도해서 발생하는 것이라고 생각하기 쉬운데 사실은 작업에 집중하지 못하게 만드는 주변 환경의 영향이 더 큰 문제다.

원래 과부하가 발생하는 원인은 업무의 밀도와 능력의 불균형 때문이다. 이 불균형을 해소하지 않은 채로 업무를 추진하기 때문에 과부하가 걸리게 된다. 이런 상태에서 이뤄지는 업무는 질적인 면에서 문제를 일으킬 수 있으므로 반드시 과부하를 제거해야 한다. 하지만 과부하를 완전히 해소하기는 어려울 수 있다. 과부하가 전혀 일어나지 않는 조직은 없기 때문이다.

하지만 이 과부하가 일시적인 것이 아니라 만성적이라는 것에 큰 문제가 있다. 그것도 조직 전체가 아닌 조직 내의 특정한 사람에게 집중적으로 업무가 쌓이는 경우를 자주 볼 수 있다.

이렇게 만성적으로 무리를 해야 하는 사람 중에는 리더의 위치에 있는 경우가 많다. 리더에게 업무의 무리가 발생하는 원인은 비정미 작업이 늘어났기 때문이다. 리더는 다른 사원에게 작업 지시를 하거나 각각의 질문에 대응해야 하며 문제 해결을 위해 언제나 쫓기는 상황에 처한다.

고객 가치 창조라는 작업의 정의에 기초해서 말한다면 이런 일들은 비정미 작업일 수밖에 없다. 리더의 정미 작업에 대한 처리 능력은 다른 사원들과 같거나, 그 이상임에도 불구하고 비정미 작업에 많은 시간을 빼앗긴다. 이 때문에 정미 작업으로 창출하는 아웃풋에 비해 노동 시간이 상당히 길어지는 등 과부하 상태에 빠지게 되는 것이다.

상황이 이럼에도 불구하고 특정 사원이 만성적으로 무리하고 있다는 것을 인식하지 못하는 조직이 많다. 왜냐하면 얼마나 무리하게 강요당하는지는 다른 사람의 눈에는 구체적으로 보이지 않기 때문이다. 따라서 과부하 상태를 해소하려면 무엇보다도 그것을 시각화 할 필요가 있다.

스토어관리에서는 리더가 떠안게 되기 쉬운 비정미 작업에 대해서도 작업 카드를 발행하도록 한다. 지시나 조정 등의 비정미 작업을 정미 작업과 동일한 형식으로 카드화하면, 누가 업무를 무리하게 감당하고 있는지를 모두가 알 수 있다.

스토어관리로 과부하 상태에 있는 사원이 누구고, 어떤 작업이 어떤 원인으로 그렇게 되었는가가 명백해지면 원인을 해소하기 위해 곧바로 개선을 생각한다. 예를 들어 업무에 대한 지시를 할 수 있는 리더가 한 사람에게 집중되어 있는 경우가 있는데 이때는 중간 리더를 양성하여 리더가 없어도 지시할 수 있도록 체제를 만들어야 한다.

현대 조직 사회에서 무엇보다 가장 중요한 것은 고급 정보다. '주문'이라는 정보 없이 절대로 제품을 만들어서는 안 된다. 어디까지나 '저스트 인 타임'에 만들어야 한다. 누구든 '저스트 인 타임'이란 필요한 물건을 제 때에 손에 넣는 것을 말하는데 정보화 사회에서는 필요한 정보를 언제 어디서든 포착할 수 있어야 한다.

T O Y O

CHAPTER **4**

변동대응력을 높이기 위한
평준화 스토어관리

변동대응력의 결여는 단지 수요와 공급의 문제만으로 끝나지 않는다.
경쟁사들은 기꺼이 변화를 수용하려 하는데 자사만이 변화를 무시한다면,
조직의 발전이 정체될 뿐만 아니라 오히려 급속도로 쇠퇴하게 될 수 있다.
조직 구성원들은 변화에서 새로운 것을 배워 행동하려 하지 않고,
조직의 지혜는 순식간에 사라져 업계의 변화나 발전에 대응할 수 없게 된다.
변동대응력이 조직 성장에 중요한 것은 이 때문이다.
도요타방식은 이러한 변화하는 환경을 받아들이면서 성장하는 것으로
도요타식의 인재만들기를 기본 축으로 한 경영방식이다.

1 고객의 요구 속도에 처리 속도를 맞추는 관리

변동대응력을 높여야 한다

도요타 생산방식에서 가장 특징적인 것 중의 하나가 '변화에 대응력이 뛰어나다'는 것이다. 수요의 변동과 상관없이 수요에 맞춰 공급할 수 있는 뛰어난 유연성이 재고 과잉과 결품을 억제하는 생산 체제를 실현할 수 있게 만든 것이다.

수요는 끊임없이 변화한다. 수요의 변화는 고객의 기호 변화를 통해서 올 수도 있으며 기술 진보에 따른 것일 수도 있다. 중요한 것은 자사의 변동대응력을 높여 변화에 대응하는 것이다. 그러므로 사회적 환경 변화에 대응할 수 있는 강한 조직이 만들어진다.

그런데 현실적으로 대부분 변화를 두려워한 나머지 가능하면 같은 환경을 계속 고수하면서 유지하려는 조직이 매우 많다. 수요의 변동을 재고로 대응하려 하는 것도 그런 이유 때문이다. 수요가 매일 변한다는 것을 알고 있으면서도 일정한 규모의 생산량을 유지하기 위해 수요를 웃도는 재고를 보유하려 한다. 이렇게 해서 수요가 변동해도 일정하게 공급하려는 환경을 만들려고 한다. 즉, 수요라는 환경의 변화를 무시하려는 것이다.

이런 결과로 항상 공급은 주문 속도에 비해 높은 생산 속도를 유지하게 된다. 그러다 보니 과도하게 생산되어 높은 원가를 들이고 마는 경우가 발생하기도 한다. 이것은 변동대응을 잘하지 못하는 결과에서 초래되는 폐단이다.

변동대응력의 결여는 단지 수요와 공급의 문제만으로 끝나지 않는다. 경쟁사들은 기꺼이 변화를 수용하려 하는데 자사만이 변화를 무시한다면, 조직의 발전이 정체될 뿐만 아니라 오히려 급속도로 쇠퇴하게 될 수 있다. 조직 구성원들은 변화에서 새로운 것을 배워 행동하려 하지 않고, 조직의 지혜는 순식간에 사라져 업계의 변화나 발전에 대응할 수 없게 된다. 변동대응력이 조직 성장에 중요한 것은 이 때문이다. 도요타방식은 이러한 변화하는 환경을 받아들이면서 성장하는 것으로 도요타식의 인재만들기를 기본 축으로 한 경영방식이다.

간판생산에도 이 변동대응력을 측정할 수 있는 '실수요 연동율'이라는 지표가 있다. 품목별로 생산량을 주문량으로 나눈 지표로 ±0 즉, 변동하는 실제의 수요(=주문)에 대해 생산 실적을 완전히 연동시킨 상태를 말한다.

실수요 연동률 ±0을 지향하려면 잉여 생산 능력을 실수요에 거의 맞게 떨어뜨리지만 결품까지 미리 방지하겠다는 고도의 생산관리가 필요하다. 이때 간판생산은 팔릴 수량만을 생산하기 위해 '후 공정 인수'라는 원칙을 세운다.

'후 공정 인수'란 고객에게 팔린 제품의 출하 사실을 기반으로 후 공정이 앞 공정에 생산을 지시하는 것이다. 완성품 스토어에서 제품이 출하되면, 출하된 것만큼 떨어져 나간 간판이 앞 공정으로 되돌아와 생산을 지시하기 때문에, 수요 측에 보다 가까운 후 공정이 주도적으로 제품의 흐름을 이끌어 갈 수 있다.

주문이 많을 때에는 간판이 떨어져 나가는 양도 많아지고 생산 지시를 위해 더 많은 간판이 되돌아온다. 반대로 주문이 적으면 생산 지시를 위해 되돌아오는 간판도 적어진다. 주문 속도의 변동에 생산 속도를 연동시킨 구조라고 할 수 있다.

한편 사무 현장에서도 변동대응성을 높이기 위해 생산현장의 후 공정 인수 방식을 응용할 수 있다. 후 공정의 요구와 전 공정의 처리 속도의 차이가 결품이나 과잉 재고를 양산하는 것처럼, 사무 현장에서도 작업 요구와 처리 속도의 차이가 작업 시간의 장기화나 처리 능력의 과잉을 초래한다. 사무 현장에서 후 공정 인수 방식을 실현하기 위해서는 일을 요구하는 쪽의 속도에 맞게 작업 지시를 해야 한다. 스토어관리는 이를 가능하게 해 준다.

그러나 스토어관리에서 요구 속도에 맞게 작업을 하려 해도 현장이 속도에 맞춰 못하면 의미가 없다. 이는 생산현장의 경우도 마찬가지다.

이를 해결하기 위해 현장의 간판생산에서는 몇 가지 방법을 활용하고 있다.

작업을 하나씩 정리하는 '1열 진행', 작업을 일렬로 나열해서 순서 대로 처리하는 '1열 대기', 사원에게 작업이 몰리는 것을 방지하는 '평준화와 멀티스킬화', 작업 변경에 대한 대응력을 높이기 위한 '최지착수(最遲着手)', 전체의 능력을 반영한 '지시총량관리' 등이 있다.

이 기법들은 스토어관리를 통해 업무를 개선하려는 사무 현장에도 적용할 수 있다. 지금부터 하나하나의 기법에 대해 도입법 등을 설명하도록 하겠다.

2 평준화 스토어관리를 위한 **원칙**

하나씩 진행하는 방식으로 조직의 결집력을 높인다

업무의 '1가지 진행'이란 일을 '하나씩 순서대로 처리해 나가는 것'이다. 이때 하나의 일을 시작하면 그것이 끝날 때까지 다른 일은 금지한다.

사람은 일을 한 번에 하나씩만 할 수 있다. 한꺼번에 몇 가지씩 일을 처리하는 것처럼 보이는 사람이라도 순간순간마다 1가지 일만을 하고 있을 뿐이다.

일을 잘하는 사람은 복수 일을 재빠르게 전환하면서 동시에 그 일을 해내기 때문에 1가지 진행의 중요성에 의문을 갖는 사람도 있을 것이다. 그러나 이런 '복수 진행'은 아무리 일 잘하는 사람일지라도 조직에 화를 초래한다. 즉, 보류 상태에 있는 작업을 증가시키고 리드타임을 증가시킨다.

예를 들어 사원 A는 1가지 진행으로, 사원 B는 복수 진행으로 일을 하고 있다고 하자. 이때 A와 B 양쪽 모두 다른 긴급한 업무에 투입되었고, 현재 하고 있던 일을 다른 사람에게 맡겨야 한다면 어떻게 될까?

B는 복수 작업을 하고 있었기 때문에 갑자기 중단되면 복수 작업은 진행 중인 상태가 되어 버린다. 하던 일의 수만큼 보류 상태에 있는 일이 발생하고, 그것을 누군가에게 넘겨야 한다. 한편 A의 경우는 항상 하나의 일만을 하기 때문에 보류된 작업도 하나다.

보류 상태에 있던 작업을 다른 사람이 인수하는 것도 결코 쉬운 일이 아니다. 예정되어 있던 인수인계라면 몰라도 긴급하게 돌발적으로 발생한 인수인계는 원활하게 이뤄지지 않는다. 또한 원래 일을 담당하던 사원이 어떤 의도에서 어디까지 작업한지를 모르는 상태에서 일을 시작하면 효율과 질도 떨어진다. 즉, 작업의 인수인계는 원활한 업무 진행에 지장을 주는 리스크가 되고 마는 것이다.

갑자기 작업을 중단해야 할 A와 B의 경우를 비교할 때, 리스크가 될 수 있는 A의 작업은 하나뿐이다. 그러나 B는 병행해서 하던 작업 수만큼 리스크 요인도 배로 늘어난다. 복수 진행으로 리스크가 높아졌기 때문에 조직 전체가 서로 협력하면서 일을 소화할 수 없게 된다. 이 때문에 업무의 우선순위를 변경하거나 업무량의 변동에 유연하게 대응하지 못하는 결과를 초래하고 만다. 다시 말해 조직이 경직이 되어 버린다.

1가지 진행의 업무 방식을 채택하고 있는 조직에서는 사원 한 사람이 하나의 작업만을 처리한다. 다른 일은 누구라도 시작할 수 있기 때문에 긴급 상황에서 쉽게 할당을 변경할 수 있고, 다양한 변화에 조직의 능력을 최대한으로 발휘하면서 대응할 수 있다. 즉, 변동대응력이 높아진 것이다. 조직의 능력을 최대한 이끌어 내는 것은 조직 경영에서 기본 중의 기본이다.

짧은 리드타임이 변동대응력을 높인다

복수 진행이 가져오는 또 하나의 부정적인 결과는 '리드타임이 증가'한다는 것이다. 작업을 복수로 하게 하면 작업에 필요한 시간의 많고 적음에 관계없이 모든 일에서 리드타임이 늘어난다.

예를 들면 작업에 필요한 실제 리드타임이 4일인 A, B, C라는 3가지 작업이 있다고 하자. 사원 한 사람이 이 3가지의 작업을 A → B → C의 순서대로 하루씩 하면서 병행했다고 하자.

작업을 시작하여 A는 10일 후, B는 11일 후, C는 12일 후에 각각 작업이 끝나게 된다. 그러므로 A, B, C를 완료하는 데 걸린 평균 리드타임은 11일이 된다.

반면 1가지 업무 진행에서는 A, 작업을 모두 끝낸 뒤에 B, C의 순서대로 시작하기 때문에, A는 4일 후, B는 8일 후, C는 12일 후에 각각 완료할 수 있다. 결국 평균 리드타임은 8일이 되고, 복수의 진행에 비해 리드타임의 대폭적인 단축이 실현되었다.

A~C의 모든 작업이 완료되는 것은 12일 후라는 점에서는 하나씩 업무를 진행하는 것이나 복수진행을 하는 것이나 마찬가지다. 그러나

특정 작업에 있어서 리드타임이 단축되는 것은 조직의 변동대응력 향상에 크게 기여한다. 작업을 시작하는 순서를 재편성하기가 쉬워지기 때문이다.

또 하나 예를 들어보자. 이 A~C의 모든 작업의 납기가 12일 후로 의뢰가 들어왔다고 하자. 복수로 진행하는 업무 방식에서는 계산상 지금부터 3일후에는 착수해야만 납기를 맞출 수 있다. 하지만 4일째까지 중요한 일을 해야 한다면, 3일째와 4일째는 잔업을 해야 하는 등의 무리가 발생한다.

한편 하나씩 처리하는 업무 진행에서는 각각의 리드타임이 단축되어 있기 때문에, 5일째에 A 작업부터 시작할 수도 있다. 먼저 시작된 중요한 일을 포함하여 작업에 소요되는 전체 시간은 변하지 않기 때문에, 어딘가에서 잔업이 발생하겠지만 잔업 시간의 평준화는 달성할 수 있다.

즉, 14일이라는 기간 안에 A~C의 작업 예정을 짜 넣을 경우, 복수 진행으로는 12일 동안이라는 큰 단위로 취급할 수밖에 없다. 이 때문에 융통성을 발휘하기는 어렵지만 한 가지 업무만 진행할 경우에는 4일 단위로 작업을 분할할 수 있기 때문에 좀 더 유연하게 일정을 조정할 수 있다. 유연한 조정이 가능한 조직이란 변동대응력이 높은 조직에만 해당한다. 스토어관리는 사무 현장에 단일 업무 진행이라는 업무 방식을 정착시키는 데 매우 효과적인 도구로, 각 사원들은 스토어 상에 있는 작업 카드를 집어 들고 카드에 적혀 있는 작업을 처리한다.

작업이 끝나고 카드를 스토어 상의 완료 카드를 두는 곳으로 옮길 때까지는 다른 카드를 뽑으면 안 된다. 긴급한 작업이 들어왔을 경우에도 작업 중인 카드는 일단 보류 장소에 둔다.

한 사람의 사원이 복수의 카드를 수중에 두지 않도록 하고, 카드에 적힌 작업만을 하도록 철저하게 관리하는 것이다. 이렇게 함으로써 변동대응력을 높이는 단일 업무 진행의 업무 방식을 조직에 정착시킬 수 있다.

TOYOTA 1열 대기로 리스크에 강한 조직을 만든다

'1열 대기' 업무 방식은 조직의 작업을 1열로 나열하여 작업을 담당하는 사원이 선두에서 작업을 시작하는 것이다. 담당자마다 작업을 미리 나눈 뒤에 시작하는 것이 아니라 작업을 나누지 않고 1열로 나열해 둔 다음 담당자 전원이 순서에 따라 작업을 수행해 나간다.

1열 대기의 가장 가까운 예를 들자면, 은행의 ATM이나 매표소 등에서 흔히 볼 수 있는 고객의 줄이다. 기기나 창구에 따라 고객이 기다리는 것이 아니라 고객 전체가 1열로 기다린다. 그런 다음 기기나 창구가 비게 되고 차례가 되면 이동해서 수속을 한다.

은행 창구에서 발행하는 순서 대기 카드도 1열 대기다. 순서 대기 카드에 적힌 번호순으로 비어 있는 창구로 가면 된다.

도요타 생산방식에서는 생산을 지시하기 위해 간판을 나열하는 간판 평준화 포스트를 닮은 안돈을 통해 1열 대기의 원칙을 적용하고 있다. 안돈의 선두에 있는 간판에 따라 생산함으로써 주문에 대한 1열 대기를 실현하고 있는 것이다.

1열 대기가 도요타 생산방식에서 중시되는 이유는 1열 대기가 문제 발생 시에 효과적으로 대처할 수 있게 해 주기 때문이다. 각 열 대기 형식으로 담당자별로 작업을 미리 나눠 놓으면 그 담당자에게 문제가 발생했을 때, 할당이 끝난 모든 작업이 영향을 받게 된다.

실제로 다음과 같은 경험을 해본 적이 있을 것이다. 역의 매표소 창구에서 1열 대기가 아닌 창구별로 각 열 대기로 순서를 기다린다고 가정해 보자. 우연히 자신이 기다리는 창구의 맨 앞에 있는 사람이 표를 끊는 데 시간이 걸려 매우 늦어질 경우, 옆 창구에서 기다리던 사람이 자신보다 나중에 매표소에 왔음에도 불구하고 먼저 표를 구입하는 걸 봤을 것이다.

이 열에서 오래 기다린 것은 자신만이 아니다. 자기 뒤에서 기다리던 사람들도 똑같이 기다려야 한다. 그중에는 옆 창구에서 구입한 사람보다도 먼저 왔음에도 불구하고 창구 처리가 지연됨에 따라 열차를 타지 못하는 사람도 있다. 창구 하나에서 시작된 문제가 영향이 그 창구에 앞에서 기다리는 모든 사람에게 영향을 미쳐 문제가 커지는 것이다. 이것이 각 열 대기의 가장 큰 결점이다.

한편 1열 대기는 문제에 따라 영향을 분산하는 기능이 있다. 매표소 창구의 열로 말하자면, 하나의 창구 앞에서 시간이 걸리면 그 뒤에 기다리는 사람들은 다른 창구에서 표를 구입할 수 있다. 모든 창구가 정상적으로 업무를 처리하고 있을 때에 비하면 다소 시간이 더 걸릴지

몰라도, 각 열 대기에서 문제가 일어났을 때와 비교하면 훨씬 양호하다. 창구 하나의 문제가 다른 여러 고객에게 영향을 미치지 않게 막아주는 것이 바로 1열 대기다.

미리 각 담당자에게 작업을 분배하고 각각의 작업을 순서대로 처리하는 각 열 대기 방식은 한 곳에서 문제가 일어나면 다른 곳까지 악영향을 미치기 쉽다. 어떤 작업이 예상 외로 시간이 걸릴 경우 다음 담당자에게 할당된 모든 작업이 지연되는 것이다.

작업량을 미리 배분하지 않고 조직 전체를 1열대기 방식으로 일을 처리하면 다른 작업에 악영향이 미치지 않도록 미연에 방지할 수 있다. 또한 지연이라는 변동 요인에 대해 리스크가 감소되어 변동에 대한 대응력을 높일 수 있게 된다.

1열 대기에서는 '대기행열 이론'에 의해 리드타임을 단축할 수 있는 효과도 있다. 예를 들어 작업자 2명에, 1시간당 평균 주문은 20건, 1건을 처리하는 걸리는 평균시간은 5분이라고 가정하자.

이때의 리드타임을 계산해 보면 각 열 대기 방식의 평균 리드타임은 약 26분이다. 이에 비해 1열 대기 방식의 평균 리드타임은 약 17분이다. 단일 업무 진행에 의한 리드타임의 단축은 변동대응력 향상에 매우 효과적이라는 것을 알 수 있다. 1열 대기 방식 역시도 변동대응력을 높여 준다.

스토어관리에서 1열 대기 방식을 적용하려면, 업무 착수 전의 작업 카드를 일이 진행되어야 할 순서대로 스토어 상에 1열로 나열하면 된다. 각 담당자는 하나의 작업을 처리하면 스토어 상에 1열 대기로 나열된 맨 앞의 다른 작업 카드를 뽑아 일을 시작하면 된다. 1열 대기 방식의 작업 순서를 조직 전체에 일괄되게 적용하면 문제에 대한 조직의 대응능력이 향상된다.

멀티스킬화는 조직의 변동대응력을 높여 준다

1열 대기 방식은 문제가 발생했을 때 악영향이 확대되는 것을 효과적으로 막아 준다. 하지만 1열 대기의 업무 방식을 정착시키기 위해서는 빠뜨릴 수 없는 요소가 있다. 바로 사원이 다양한 업무를 해낼 수 있도록 하는 능력의 개발, 즉 '멀티스킬화'이다.

멀티스킬화가 1열 대기 방식을 실현에 있어서 얼마나 중요한가는 1열 대기의 전형적인 예인 은행 창구를 떠올리면 이해하기 쉽다. 은행의 창구 업무에는 입금, 출금, 수속, 창구 개설과 통장 이월 등 다양한 업무가 있다. 창구에서 일하는 사원들은 창구의 다른 업무들도 할 수 있도록 교육을 받는다. 그래서 고객의 다양한 요구에 대해 일련의 번호순인 1열 대기로 창구에 안내할 수 있는 것이다.

그런데 만약 멀티스킬화가 실현되지 않으면 어떻게 될까? 예를 들어 A창구의 사원은 송금 처리만을 하고, B창구는 예금의 입출금만을 처리하고, C창구는 계좌를 개설하는 수속만을 할 수 있는 상태에서는 1열 대기 방식을 적용해도 의미가 없다. 입금하고 싶은 사람이 많을 경우, B나 C의 창구가 비어 있어도 A에 창구 앞에서 기다려야만 한다. 이 순간 1열 대기 방식의 질서는 무너져 버린다. 이렇듯 멀티스킬화를 실현하지 못하면 1열 대기 방식도 성립되지 않는다.

각 사원에게 일을 고정하여 어떤 일을 특정한 사람에게만 처리하게 한다면, 업무가 편중될 경우 어떤 사원은 바빠서 일 처리가 안 되고 어떤 사원은 시간이 남는 불균형이 발생한다. 조직 내에서 업무의 밀도와 능력의 불균형이 생기면, 조직의 변동대응력을 높일 수가 없다. 이 문제를 1열 대기 방식으로 해결하려고 하면 저절로 멀티스킬화의 실현으로 이어진다.

물론 단순히 사원 전부가 모든 일을 해낼 수 있다고 해서 좋은 것은 아니다. 그것도 분명 멀티스킬화이기는 하지만, 업무의 변동 속도에 대응하기 위한 목적의 멀티스킬화가 아니기 때문이다. 멀티스킬화를 실현하기 위한 교육에는 시간이 걸린다. 게다가 정형화된 일이 많은 제조업의 생산 라인과 달리, 사무 현장에서의 업무는 비슷하거나 동일한 일을 반복하는 경우가 드물다.

이렇듯 훈련할 기회가 적기 때문에 새로운 일을 배울 때에도 상당히 많은 시간이 걸린다. 업무의 변동이라는 요소를 무시하고 단순하게 모든 사원에게 모든 일을 똑같이 가르치는 것만큼 불필요한 낭비도 없다.

그렇다면 최소한의 교육으로 최대의 효과를 발휘할 수 있게 하는 멀티스킬화를 실현하려면 어떻게 해야 할까? 이에 대한 해답은 '업무 프로세스의 표준화'라고 할 수 있다.

'업무 프로세스의 표준화'란 일의 진행 순서를 공통의 노하우로 정의하는 것이다. 특히 사무 현장에서의 업무 프로세스는 때에 따라 많이 다르기 때문에 통째로 프로세스 전체를 익히게 하는 멀티스킬화는 쉽지 않다. 따라서 이 프로세스 중에서 공통적인 부분과 개별적인 부분을 나누고, 멀티스킬화를 했을 경우에 효과적인 공통 부분을 찾아 학습시킬 수가 있다.

　예를 들어 세미나를 기획한다고 하자. 세미나를 할 경우 날짜와 시간의 결정, 장소의 수배, 강사 예약이라는 3가지의 표준 작업이 필요하다. 그러나 이 3가지가 단 한 번에 결정되는 경우는 아주 드물다. 따라서 각각의 상황 등을 비교하며 조정하게 될 것이다.

　이때 우선적으로 정해야 할 것은 날짜와 시간이다. 하지만 특정한 강사를 초빙해야 한다면 강사를 최우선으로 정해야 하며, 큰 회의장이 필요할 경우에는 장소가 우선이다. 이런 프로세스를 미리 표준화해 두면 처음으로 세미나를 운영하는 담당자라도 기억하기 쉽고, 어려운 일이 발생했을 경우에도 원활히 처리할 수 있게 된다. 프로세스를 표준화해 두면 노하우로 축적해 둘 수 있기 때문에 오류도 방지할 수 있다.

　물론 세미나를 준비하는 것은 프로세스의 표준화만으로 가능한 것은 아니다. 장소마다 예약하는 방식이 다르거나, 강사나 시간에 따라서는 숙박 예약을 해야 하는 등 실제로는 여러 가지 개별적인 대응 능력이 필요하다. 그러나 멀티스킬화의 실현을 위해 이런 사항까지 시간을 낭비하면서 세세하게 기억할 필요는 없다. 개별적으로 대응할 부분은 세미나 운영에 능숙한 사원의 도움을 받아 준비하면 되는 것이다.

물론 공통 부분에 대한 멀티스킬화가 진전되면 개별적인 부분에 대한 멀티스킬화를 목표로 하는 것도 좋다. 앞서 언급했듯이, 이때는 개별적인 부분에 능숙한 사원에게 배우면 된다. 프로세스가 표준화되어 있기 때문에 숙련자와 초심자 사이에 노하우의 전달도 자연스럽게 이뤄진다.

하지만 공통 부분과 개별 부분을 분리하지 않고, 기억하기 쉬운 공통 부분까지 숙련 사원에게 의지하게 된다면 멀티스킬화는 매우 요원한 일이 되고 만다. 멀티스킬화를 좀 더 빠르게 실천하기 위해서는 하기 위해서는 공통 부분과 개별 부분을 분리하고 업무의 프로세스를 표준화해야 한다.

스토어관리에서는 표준 프로세스가 명확한 일에 대해서는 각 프로세스 단위로 작업 카드를 작성하고 처리하도록 한다. 작업 카드에 따라 처리하는 것은 표준 프로세스에 따라 처리하는 것이 된다.

그리고 작업 카드는 가능한 한 작은 단위로 만드는 것이 좋다. 왜냐하면 이를 통해 우선 업무의 세분화를 촉진할 수가 있기 때문이다. 그리고 작업을 분리하여 공통 부분은 다른 사람도 쉽게 도울 수 있도록 스토어의 착수 장소에 두어 어떤 작업을 더 빨리 처리해야 하는지 알 수 있도록 한다. 스토어에 특정 종류의 작업 카드가 쌓여 있다는 것은 작업이 요구하는 것에 부응하지 못하고 있는 것을 뜻한다. 다시 말해 일에 응할 수 있는 사원이 적다는 것을 의미한다. 따라서 자연스럽게 이 문제를 해결하기 위해 누구에게 어떤 교육을 실시하면 좋은지가 한눈에 파악이 가능해지는 것이다.

캐비닛을 이용한 큰 스토어가 있는 경우도 있다. 이는 담당자별로 월요일부터 금요일까지 한 주간의 업무 부하를 시각화하여, 주간 단위로 평준화하기 위한 스토어다. 담당자별로 각 요일까지 처리해야 할 작업 카드를 붙이고 카드가 어디로 편중되어 있는지를 살펴보고, 부하를 조정하기 위해 선 채로 의논한다.

스토어 중에는 '관리별×공정별'로 작업 카드를 붙여 둔 스토어도 있다. 각 담당자별로 각 공정에 어느 정도의 업무 부하가 걸리는지 한눈에 알 수 있으며 조정할 수도 있다.

TOYOTA 업무 마감 시점에서 일을 시작하는 '최지착수'

방학이 끝나갈 즈음이면 밀린 일기나 숙제 때문에 다급해했던 경험은 누구나 있을 것이다. 그런 경험들 때문인지 아이들에게 방학이 시작되면 숙제부터 끝내라고 말하는 부모님들이 많다. 일도 마찬가지다. 사람들은 일을 의뢰 받으면 가능한 한 빨리 착수하려고 들 것이다.

그러나 업무의 리드타임이나 납기를 고려하지 않고 빨리 착수하는 것은 변동대응력을 떨어뜨릴 수밖에 없다. 실제로 도요타 생산방식에서는 '일은 마감을 맞출 수 있는 직전까지는 시작하지 말라'고 가르친다. 납기와 리드타임의 일치 즉, 당장 시작하지 않으면 납기를 맞출 수 없다거나, 납기에 약간의 여유가 있을 때 시작하는 것이 도요타의 '최지착수' 방식이다.

왜 의뢰받은 업무를 즉시 시작하는 것이 변동대응력을 떨어뜨리는 것일까? 이유는 일단 일을 시작하면 수주 후의 변화에 대응할 수 없기 때문이다.

수주 후에도 일의 변경이 요구되는 경우가 많다. 특히 개발 업무 등 전형적으로 변경 요소를 많이 갖고 있다. 수주를 받은 후에 즉시 일을 시작하면 그 후에 수정을 하거나 혹은 처음부터 다시 시작해야 될지도 모른다. 이 때문에 이미 작업에 투입된 자원의 일부가 낭비되는 것이다.

도요타식의 최지착수에서는 '더 이상 착수를 미루면 납기에 맞추기 어렵다'고 판단되는 시점에서 일을 시작한다. 그 직전까지 업무 시작을 미룸으로써 수주했을 때부터 일을 시작하기 전까지 일어난 변경을 착수 단계에서 해결하는 것이다. 결국 작업은 납기에 맞출 수 있는 단기간에 진행되기 때문에 변경을 요구해 올 가능성도 낮다.

아이가 여름방학 숙제를 빨리 마무리해도 상관없다. 여름방학 도중에 숙제가 변경되는 일은 없기 때문이다. 그러나 비즈니스 세계에서의 상황은 다르다. 기업을 둘러싸고 있는 비즈니스 환경은 끊임없이 변하고, 하나의 작업에 대해서도 항상 변경될 수 있는 가능성이 잠재되어 있다. 이런 변동에 유연하게 대응할 수 있는 능력인 변동대응력을 최지착수 방식이 향상시켜 주는 것이다.

단, 최지착수 방식은 조직의 관리 능력이 상당히 높은 수준에 있지 않으면 실현하기 어렵다. 왜냐하면 리드타임이 3일인 업무를 최지착수 방식으로 납기 3일 전에 시작하려고 하는데, 관리 능력이 떨어지는 조직에서는 리드타임이 4일 또는 5일이 걸릴 수 있기 때문이다.

그러므로 최지착수 방식을 적용할 수 없는 조직은 리드타임을 관리할 수 없으므로 빨리 착수해야만 안심할 것이다. 즉, 최지착수 방식을 도입할 수 있느냐 없느냐는 조직의 관리 능력을 보여 주는 기준이 된다. 업무에 대한 관리가 잘 이뤄지는 조직이라면 납기에 맞출 수 있는 시간 직전까지 착수를 늦출 수 있을 것이다. 관리 능력이 떨어지는 조직에서는 빨리 착수한 나머지 변경에 따른 수정이 발생하여 더욱 어려운 처지에 놓이게 된다. 그러면 더 빨리 일에 착수하려 하고 심할 경우는 수주의 예측만으로도 작업을 시작하려 할 것이다. 이는 도요타의 '저스트 인 타임' 방식과는 동떨어져 있다.

도요타식의 간판생산은 이 최지착수 방식을 현장에서 철저하게 지킨다. 도요타에서는 부품 회사에 3개월 후까지의 주문 정보를 알려 준다. 하지만 이는 어디까지나 생산 체제를 준비하라는 것이므로, 이 정보를 갖고 생산을 시작해서는 안 된다. 실제로도 이 정보를 알려 준 뒤에도 주문 내용은 자주 바뀌기 때문에 생산을 시작하면 큰 낭패를 볼 수도 있다.

생산은 간판을 발행하고 난 후에 최지착수의 원칙에 기초하여 시작된다. 예정 주문 정보에서 간판의 발행까지는 설계가 변경되거나 완전히 바뀌기도 한다. 그러나 간판이 발행된 뒤에 생산하는 것 즉, 최지착수 방식을 실현하여 변동에 대한 대응 능력을 높인 조직에서는 주문 내용이 자주 변경되더라도 항상 최신 정보에 기초를 두고 있기 때문에 현장에서 혼란스러워하는 일은 발생하지 않는다.

스토어관리에서 이 최지착수 방식을 실행하려면 스토어 상에 작업 카드를 나열하는 방법을 살짝 바꾸기만 하면 된다. 즉, 납기를 기준으로 하여 나열하면 된다. 각 작업 카드의 납기와 리드타임을 감안하고, 최지착수의 원칙 하에서 언제 일을 시작해야 할 것인가를 판단하여 착수일에 카드를 배치하는 것이다.

착수일별로 카드를 나열하면 업무별로 작업량이나 필요한 능력의 불균형이 명백히 드러날 것이다. 어떤 날은 극단적으로 작업량이 많고, 또 어떤 날은 작업을 소화할 수 있는 능력을 가진 사원 수가 작업량에 비해 상대적으로 모자랄 수 있다. 이러한 불균형이 스토어 상에서 정확하게 드러나면 비로소 착수 시기를 정하고, 부하를 조정해 평준화를 실시한다. 이렇게 해서 납기일을 정확하게 지키면서 변동에 강한 조직이 만들어지는 것이다.

총량관리 · 패널관리로 자원 운용을 유연하게 한다

단일 업무 진행이나 1열 대기, 최지착수 등 모든 수단을 동원하여 업무를 평준화하려 해도 좀처럼 과부하가 줄어들지 않는 날이 발생할 수 있다. 이는 조직 전체의 역량이 처리해야 할 작업량에 못 미치는 경우라고 볼 수 있다. 아무리 평준화를 이룬다고 하더라도 작업을 처리해 낼 수 있는 역량을 갖추지 못하면 소용이 없다.

'총량관리'와 '패널관리'란 바로 이러한 작업 총량을 조정하여 여기에 맞춰 조직 전체의 능력을 조정하는 것을 말한다. 도요타 생산방식에서 총량관리란 간판 매수의 관리를 말하며, 패널관리는 조직이 가진 능력의 조정이나 변경을 뜻한다. 간판방식의 경우 간판을 다루는 규칙이나 후 공정 인수 등에 관심이 집중된다. 하지만 총량관리나 패널관리는 그다지 알려져 있지 않다. 그러나 변동대응력이 뛰어난 생산 체제를 구축하는 데 있어서 빠뜨릴 수 없는 요소가 바로 이 간판총량과 능력의 패널관리이다. 이를 잘 조정하지 못하면 간판은 있으나마나한 것이 된다.

간판생산에서는 간판의 수를 무계획적으로 증감시켜서는 안 된다. 간판생산의 기본은 제품의 주문 상황에 따라 후 공정으로부터 간판이 되돌아온 뒤에 생산한다. 간판을 떼어 전 공정에 생산 지시를 위해 돌릴 때까지 생산은 불가능하다. 그래서 판매 속도와 제조 속도가 조화를 이루는 것이다. 이때 판매 속도와 제조 속도의 차이는 공정에 투입되기 전인 간판 수를 통해 나타난다. 이 투입 전의 간판 수의 움직임으로 속도 차이의 문제점을 파악하여 적절히 대처해야 재고나 결품을 방지할 수 있다. 따라서 간판의 총량을 일정하게 유지해야 한다.

그러나 실제의 주문 상황은 매일 매일 다르다. 그래서 항상 동일한 총량으로 간판을 관리할 수 없다. 바꿔 말해 간판총량을 관리한다는 것은 생산량을 규제하는 것이다.

만약 수요보다 간판의 총량이 적을 경우에는 생산량이 부족해지고, 판매 속도가 너무 빠르면 모든 간판은 생산에 투입되어 투입 대기의 간판은 사라지게 된다. 생산을 지시하고 싶어도 지시할 수 없게 된다.

반대로 수요보다 간판의 총량이 많을 경우에는 생산해도 출하되지 않기 때문에, 대부분의 간판은 재고 상태가 되어 과도한 재고를 초래한다. 따라서 정기적으로 검토하여 간판의 매수를 조정해 가는 것이 간판의 총량관리다.

하지만 총량관리만으로는 모든 주문 속도에 맞출 수 없다. 조직의 처리 능력을 초과하는 간판총량은 과부하를 일으키기 때문이다. 효율적인 동시에 결품하지 않고 주문을 처리해 내려면 조직의 능력 자체를 변화시켜야 한다. 이것이 바로 능력의 패널관리다.

능력의 패널 확대는 비교적 쉬운 편이다. 패널을 확대하지 않고서는 주문을 처리해 낼 수가 없다. 패널을 확대하는 수단으로는 잔업이나 휴일 출근, 다른 부문의 지원 등이 있을 수 있다.

반면 패널의 축소는 확대에 비해 그렇게 쉬운 편이 아니다. 일단 확대된 능력의 패널은 좀처럼 축소하기 어렵다. 또한 필요에 따른 능력 패널의 확대와는 달리 축소는 표면적으로는 필요성이 드러나지 않는다. 그래서 일부러 의식하지 않으면 잊어버리기가 쉽다. 오히려 축소가 패널관리의 최대 관건이라고 할 수 있다.

주문 속도에 따라 패널을 축소하지 않으면 패널은 확대되기만 하고 줄어들지 않을 것이다. 그러면 잉여 간판이 속출하여 판매 속도의 변화가 제조 현장에 전해지지 않게 되고 당연히 변화를 인식할 수 없게 된다. 그 결과 생산 현장에서 제조 속도 등을 조절하지 못하여 결품 등의 사태를 초래한다.

도요타식 DNA를 도입한 조직에서는 패널 축소에 대해 적극적이 자세를 보인다. 구체적인 패널 축소 방법으로는 유급 휴가나 평소에 할 수 없었던 개선 활동, 정리 정돈의 할당, 다른 부문으로 지원 등이 있다.

특히 주문량의 변동이 큰 조직의 경우, 이 패널 조정 방법 이외에도 다른 수단이 있다. 전체 업무의 30% 정도를 장기간의 일로 확보하여 납기일까지 일을 조정하면서 영여 능력 패널을 증감시켜 조절하는 방법이 있다. 또 바쁘거나 한가해서 사이클이 맞지 않는 조직을 합병하는 방법, 업무의 세분화와 표준화를 구사하여 외주 또는 아르바이트를 활용하는 방법 등이 있다.

사무 현장의 경우에도 총량관리와 패널관리는 중요하며 스토어관리로 실현할 수 있다. 스토어관리의 경우에는 작업 카드의 매수가 총량이 되고, 카드를 붙이는 공간이 패널에 해당된다. 작업을 시작하는 도중에 막히는 일이 없도록 카드 매수를 관리하고, 카드의 증감에 따라 사원 수를 조정하여 카드 붙이는 공간을 조정하는 것이다.

그러나 생산현장의 간판 총량관리와 달리 사무 현장의 카드 총량관리는 더 연구할 필요가 있다. 생산현장은 기본적으로 같은 일을 계속하기 위해 동일한 간판을 돌리면 된다. 하지만 사무 현장에서는 생산현장처럼 작업이 정형화되어 있지 않다. 이 때문에 작업 완료 카드를 다시 이용하기가 어렵다. 새로운 작업을 지시할 때에는 새로운 카드를 발행해야만 하는 것이다. 이렇게 되면 아직 작업이 끝나지 않았음에도 불구하고, 새로운 작업을 지시하게 되어 작업 카드가 늘어난다. 작업 카드가 늘어나면 작업 지시 속도가 현장에 정확히 전해지지 않게 된다. 이 역시 변화에 대응하는 능력을 떨어뜨린다.

사무 현장의 스토어관리에서 작업 카드를 스토어 상에서 운용할 경우, 카드를 투명한 비닐 봉지에 넣어 운용한다. 작업 카드를 스토어의 '작업 대기'나 '작업 중'에 두는 것이 아니라 비닐 봉지에 넣은 상태로 두도록 한다. 작업이 끝나면 비닐 봉지에서 카드를 꺼내 완료 장소에 둔다. 케이스는 작업 카드를 통해 작업을 지시하는 관리자에게 돌려준다. 관리자는 카드 중에서 우선순위가 높은 작업 카드를 케이스에 넣어 스토어의 '작업 대기'에 둔다. 즉, 카드의 총량관리를 카드가 아닌 다른 카드를 넣는 케이스로 하는 것이다. 이렇게 하면 작업 카드는 1매씩 차이가 나더라도 케이스의 총량은 필요한 만큼 쓰되 최저 수준으로 규제할 수가 있다.

한편 능력 패널을 스토어관리로 관리할 때에는 스토어 상의 카드를 붙이는 공간을 조정하면 된다. 예를 들어 패널을 확대할 필요가 있을 경우에는 잔업이나 휴일 출근의 지시에 따라 한 사람 한 사람의 공간 확대 외에 다른 부문에서 지원을 받아 확대할 수 있다. 패널을 축소할 경우에는 공통의 업무 등을 카드로 발행하여 스토어에 붙여 둠으로써 스토어 상의 실질적인 작업 시간을 단축할 수가 있다.

경제가 불황일 때 도요타 생
산방식이 집중적으로 주목을 받는 이유가
있다. 벼랑 끝에 선 기업이 각오를 다시 하고 결
단력 있게 실행하면 반드시 성공할 수 있기 때문이다.
순탄하게 성장 중인 기업은 더 말할 필요도 없다. 도요타
생산방식을 실시하려면 리더의 책임 있는 결단과 실행이
꼭 있어야 한다. 처음에는 고통이 따르나 이를 피하지 않
고 맞서며 각종 낭비를 철저히 없앤다면 이익이 늘어
성과를 얻게 된다. 개혁의 고통을 두려워하는 조
직은 소멸할 수밖에 없다는 것을 명심
하자.

CHAPTER 5

A

도요타식 관리 및
개선 기반 만들기

체계를 성장시키기 위해서 필요한 것이

새로운 현장을 관리하고 개선하기 위한 기반이다.

조직이 갖는 관리 능력이나 사원들의 기술,

그리고 자사를 둘러싼 비즈니스 환경의 변화에 대응하여

체계를 성장시키지 않으면 안 된다.

도입한 체계를 썩히지 않고 제대로 성장시킬 수 있는

조직이 기반이 되어야만 스토어관리 등의

도요타식 관리나 개선을 실천할 수 있는 것이다.

1

기반 없는 조직에서 도요타식 개선 실천은 불가능

T O Y O T A **현장을 관리하고 개선하기 위한 기반이 필요하다**

지금까지 스토어관리를 통해 업무의 어떤 문제를 개선할 수 있는가에 대한 관리 체계를 설명했다. 그러나 새로운 체계를 도입해도 개선의 효과를 보지 못하는 조직이 많다. 이런 이유 때문에 일단 새로운 관리 체계를 도입하고도 기업을 성장시키지 못하는 사례가 발생하게 되는 것이다.

지금까지 수차례 언급했듯이, 스토어관리는 경주용 자동차 중 F1과 같은 것이다. 초심자가 타서 제대로 운전할 수 있을 만한 것이 아니기 때문에 우선 일반 승용차로 운전 기술을 익혀야 한다. 스토어관리를 도입하여 고도의 관리를 실행하는 것을 목표로 삼았다면 우선 작업을 시각화하는 것 등 비교적 간단한 것부터 도입할 필요가 있다. 단, 도입이 간단할수록 조직이 얻는 효과는 크게 기대하기 어렵다는 것을 염두에 두고 더 큰 효과를 얻으려면 체계를 그보다 상위 수준으로 끌어올리려는 자세가 필요하다.

하지만 체계를 향상시키지 못하는 조직에서는 불가능한 일이다. 새로운 체계를 도입했다는 것만으로 만족하여 항상 초급 수준의 체계로 머무르기 때문에 효과도 그 정도로 그치게 된다. 일반 승용차를 타고 있으니 F1에 비해 '별로 효과가 없다'라고 생각하는 것은 당연하다.

새로운 체계를 도입한 후 상위 수준의 체계로 키우지 못한다면 조직은 정체되고, 목표했던 수준에는 영원히 도달할 수 없다. 따라서 도입한 체계를 보다 더 사용하기 쉽고 큰 효과를 내도록 성장시켜야 한다.

체계를 성장시키기 위해서 필요한 것이 현장을 관리하고 개선하기 위한 기반이다. 조직이 갖는 관리 능력이나 사원들의 기술, 그리고 자사를 둘러싼 비즈니스 환경의 변화에 대응하여 체계를 성장시키지 않으면 안 된다. 도입한 체계를 썩히지 않고 제대로 성장시킬 수 있는 조직이 기반이 되어야만 스토어관리 등의 도요타식 관리나 개선을 실천할 수 있는 것이다.

그렇다면 도입한 체계가 성장할 수 있는 기반이란 어떤 것인가? 그 기반에는 3가지 요소가 있다. '5S'에 의한 낭비 없는 직장 환경, 개선을 눈으로 보이게 하는 것, 그리고 개선을 이끌어갈 수 있는 인재다.

2

낭비 없는 환경 만들기
5S

편차를 줄이기 위해서는 5S를 실시해야 한다

'5S'란, '정리(Seiri)', '정돈(Seiton)', '청소(Seiso)', '청결(Seigetsu)', '습관화(Sitsuke)'의 단어의 앞머리를 영문으로 따온 것이다. 이는 필요한 것을, 필요한 때에 필요한 사람이 필요한 만큼 사용하도록 하기 위해서 기준을 가지고 현장을 철저하게 관리하기 위한 것이다.

도요타식 개선을 실행할 때 편차 관리가 중요하다는 것은 지금까지 설명한 그대로다. 편차는 작업이 복잡해져 있는 것을 말하며, 개선을 통해 편차를 줄여 작업을 단순화하고 표준화하는 것은 생산성이나 품질 향상에 큰 도움이 된다. 또한 편차를 줄이고 개선의 기준점을 명확히 하게 되면 개선의 효과를 확실히 느낄 수 있게 된다. 편차가 남은 채로 개선책을 기획하고 실시하면 개선의 효과가 편차의 그늘에 숨어 검증되지 않기 때문에 효과를 느낄 수가 없다.

개선의 효과 여부를 파악하지 못하면 개선 활동에 대한 현장에서의 동기 저하, 또는 관리의 판단 자료의 부족으로 이어질 수밖에 없다. 그렇다고 해서 편차 이상의 개선을 실시하면 그만큼 투자 규모만 커지고 리스크가 높아진다. 개선의 PDCA를 잘 회전시키기 위해서는 우선 편차를 줄여 안정을 시킨 다음 개선의 시작 지점을 명확하게 할 필요가 있다.

그렇다면 이런 편차를 없애기 위해서는 어떻게 해야 할까? 여기서 등장하는 것이 5S다. 1장에서 관점의 DNA에 관해서 설명했듯이 편차에는 기술 차이에서 오는 기술 영역과 인간 행동의 차이에 따라 달라지는 관리 영역이 있는데 특히 관리 영역의 경우가 편차가 크다. 이 관리 영역의 편차를 초래하는 것이 현장에서 발생하고 있는 다양한 노이즈, 즉 구체적으로 말해 인간 행동의 낭비가 있다. 예를 들면 필요한 것을 찾는 데 소비하는 시간이나 필요한 도구를 사용할 수 있는 상태로 준비하는 시간 등이 대표적인 인간 행동의 낭비다.

5S는 이와 같은 인간 행동에 있어서의 많은 낭비 요소를 없애기 위해 실시하는 것이다. 주변을 '정리'해 두어 업무에 필요 없는 것들을 배제하고, '정돈'을 함으로써 필요한 것을 즉시 손에 넣을 수 있도록 정해진 곳에 배치해 둔다. 그리고 '청소'를 하여 현장에 있는 것들을 깨끗하게 해 둬 언제라도 사용할 수 있도록 한다. 동시에 항상 '청결'하고 누가 봐도 알기 쉬운 상태를 유지하며 그것을 유지하려는 의식을 갖는다. 그런 다음 사원들에게 '습관화'를 통해 그런 조직의 룰이나 규율을 지키게 한다.

이런 5S에 따라서 현장의 물건이나 정보가 잘 정돈된 직장 환경을 만들었다면 편차가 생기는 원인의 대부분을 차지하고 있는 인간 행동의 낭비에 대해서 살펴본다. 그러면 개선 전의 생산성이 일정하게 유지되는 가운데 어떤 개선을 실시했을 때 효과가 어떻게 나타나는지 분명하게 확인할 수가 있다. PDCA를 반복하면서 효과적인 개선책을 발견해서 실행하고 효과적인 체계를 구축할 수 있는 조직이 되기 위해서는 5S에 의한 개선 기반을 만들어 놓아야 한다.

3

개선의 시각화
– 개선 보드

개선 활동을 현장에서 실감할 수 있도록 한다

개선의 체계를 키우는 원동력은 개선 활동에 참여하고 있는 현장에 있는 사원들의 의욕이다. 관리자가 아무리 개선 활동의 깃발을 흔들어도 사원들의 자발적인 개선 활동의 의욕이 없이는 속도가 나지 않는다.

그렇다면 현장 사원들이 개선 활동의 의욕을 유지하도록 하려면 어떻게 해야 할까? 이를 위해서는 개선 효과를 실감할 수 있도록 해야 한다. 자신들이 실시한 활동이 어떤 효과를 가져왔는지를 알지 못하면, 그것이 바람직한 방향으로 진행되고 있는지, 또는 괜히 전혀 효과가 없는 개선을 반복하면서 쓸데없는 낭비만 하고 있지는 않은지 의구심에 빠진다. 이렇게 되면 개선 활동에 대한 진전은 없고 사원들의 의욕도 급속도로 떨어진다. 하지만 개선 활동을 현장에서 실감할 수 있도록 하면 자발적으로 한층 더 향상된 개선에 대해 생각하게 될 것이다.

개선 효과를 실감시킨다는 것은 다시 말해 '개선의 효과를 눈에 보이도록 하는 것'이다. 이는 누가 봐도 개선 효과를 잘 알 수 있도록 하는 것이며, 현장에서는 자신들의 개선 활동이 올바른 방향으로 나아가고 있다는 것을 확신하게 만들어 더 강력하게 추진하게 된다.

단, 여기에서 주의해야 할 점이 있다. 개선이란 지금까지 실행해 왔던 업무에 변화를 주는 것 즉, 지금까지와는 다른 방식으로 일을 하는 것이다. 따라서 지금까지와는 다른 방법으로 일을 실시하게 되면 그것을 관리하는 방법도 변화한다. 다시 말해 개선 활동에 맞는 관리 방법 없이는 개선 효과를 시각화할 수 없다는 것이다.

스토어관리에 의한 개선 효과를 보이게 하려면 그에 맞는 관리 방법이 필요해진다. 이것이 바로 개선 보드다. 개선 보드란 어떤 관리나 개선을 실시하는 현장에 게시하는 정보 관리 보드를 말한다. 개선의 방침이나 목적, 체제나 스케줄 등의 필요한 정보들을 명확히 하고 이를 위한 각 개인의 역할이나 행동을 명기한다. 또한 개선 활동이 성실하게 이뤄지고 있는지 나타내는 그래프를 추가하여 개선 활동에 관련된 모든 정보를 한눈에 파악하도록 한다. 매일 이뤄지는 미팅 등을 이 개선 보드 앞에서 실시함으로써 조직의 개선 방침 등을 재차 확인하면서 개선 활동을 진행할 수 있다.

개선 보드에 게시하는 중요한 정보로 방침과 목적이 있다. 방침은 조직이 지향해야 할 방향이나 공유하는 가치관과 원칙을 말하며, 목적은 자신이 지향하는 모습을 그린 것이다. 이는 회사 전체의 방침이나 목적에 보조를 맞추는 형태 즉, 개선의 주제에 있는 것을 지정한다.

그리고 조직의 능력의 향상을 표로 정리하는 과정도 중요하다. 방침이나 목적에 맞는 성장을, 언제 그리고 어떤 형태로 실현해 갈 것인지를 정리한 일정표는, 사원들이 조직의 능력이 향상되는 일련의 스토리를 머릿속으로 그려볼 수 있게 해 준다.

이밖에도 개선 보드에서 중요한 것으로는 다음과 같은 것들이 있다. 일관된 개선 활동을 실시하기 위해 PDCA 사이클 등을 정리한 활동 규칙, 방침이나 목적에 대응하여 구체적인 도달점을 확실하게 한 목표, 그리고 목표를 위한 행동을 적절하게 실시하고 있는지를 관리하기 위한 관리 지표와 그 변화를 나타내는 그래프 등이다.

우선 활동 규칙에서는 미팅이나 반성 활동을 통해 개선을 지속적으로 실행하고 있음을 확인하고 목표는 도달 여부를 확실히 알 수 있게 한다. 그리고 이러한 것들을 모아 관리 지표와 그 변화를 나타내는 그래프로 표현한다.

개선 보드가 필요한 이유는 다음과 같다. 왜 지금의 방법을 바꾸지 않으면 안 되는지, 거기서 무엇을 얻을 수 있는지, 그리고 계획한 대로 일의 방식이 바뀌어 효과가 있었는지를 사원들에게 인식시키고 실감시키기 위함이다. 즉, 개선의 '이정표' 역할을 하는 것이 바로 이 개선 보드인 것이다.

개선을 촉진시키는 개선 보드

개선 활동을 활성화하여 사원들에게 몸에 배도록 하기 위해 개선 보드를 각 부서별로 내걸도록 한 후, 조직적인 개선 활동을 전개해 간다.

개선 보드는 3미터 정도 떨어진 곳에서도 내용을 읽을 수 있을 정도로 큰 것으로 준비하며, 보드 앞에 모여 미팅이나 간부 회의를 할 수 있도록 한다.

보드의 크기는 가로 형태의 경우 2m×1m 정도로 하고, 시트는 A4 내지 A5 크기 정도로 만든다.

즐겁고 밝은 분위기로 개선 활동을 진행하기 위해서는 색상이나 디자인을 밝게 하고 각 부서의 개성이 표현되도록 준비한다. 개선 보드가 그 부서의 개선 자부심의 상징이 되도록 만들어 자주적이고 자율적인 활동이 될 수 있도록 촉구한다.

일반적인 개선 보드는 왼쪽 상단에서 오른쪽 하단으로 진행한다. 이념이나 목적, 방침을 기점으로 하여 그 부서가 일상 업무 속에서 어떻게 개선을 해 나가고 있는지 알 수 있게 하고 개선에 대한 생각과 의식의 흐름도 보여 줄 수 있도록 한다.

개선 보드에서는 이 흐름을 '화살표'로 표시하도록 하고 있는데, 처음에는 좀처럼 화살표를 넣지 못한다. 즉, 어떤 생각과 의식으로 개선을 전개할지 정리하지 못한 채 개선 활동을 진행하는 경우가 많다는 것이다. 이는 무엇을 위해서 개선을 하는지 불분명한 상태로 개선을 진행하는 것이다. 따라서 개선 보드를 작성하는 단계에서 이 화살표를 넣게

함으로써 목적에 맞는 개선 활동을 도모할 수가 있다.

개선 보드의 오른쪽 아랫부분에는 매일 이뤄지는 개선 활동의 PDCA를 진행하는 방법이 나타나 있고, 화살표가 PDCA 사이클상에서 계속 반복되게 한다.

개선 보드에는 경기 성적표나 그래프 등을 많이 사용하여 매일 이뤄지는 개선 활동을 눈으로 보고 확인할 수 있도록 여러 가지로 연구하여 표시하고 있다. 실을 붙이거나 색을 칠하는 것으로써 진행 상태를 자각하고 문제점을 인식할 수 있도록 한다.

:: 테크니컬 가이드● 개선 보드의 작성 순서

– 눈으로 보는 관리(Visible Management : 시각화된 관리)
- 전체 회사, 각 부문, 프로젝트, 개인별로 목표와 중점 과제, 일의 실시 상황, 편차, 늦고 빠름, 문제점이나 이상의 발생 상황, 처리 · 대책, 행동 상황 등을 한눈에 보고 알 수 있다.
- 개선의 전개 및 일상 관리의 QCDS가 저하하기 전에 이상한 점을 감지하고 행동 하는 예방적 관리 · 개선을 실천하는 방법

– 눈으로 보는 관리 보드
- 눈 관리를 실천하기 위해서 관리나 개선의 실천 현장에 게시하는 정보 관리 보드

- **눈 관리 보드의 종류**
  - 개선 보드 : 개선 활동에 있어서 눈 관리를 행하는 정보 관리
    보드
  - 부문 관리 보드 : 부문의 목표 관리에 있어서 눈 관리를 행하는
    정보 관리 보드
  - 프로젝트 관리 보드 : 특정의 프로젝트 활동에 있어서 눈 관리를
    행하는 정보 관리 보드

- **개선 보드의 목적**
  - 필요한 정보의 형식지화(形式知化)와 공유
  - 연결을 명확히 한다.
  - 자율 관리
  - 조직 능력을 높인다.
  - 자긍심과 책임감을 갖게 한다.
  - 현지 · 현물 · 현실의 추진

- **방침과 목적 시트의 작성**
  - 방침이란 조직이 지향하는 방향이나 공유하는 가치관 · 원칙 ·
    조건을 말한다.
  - 목적이란 방침을 기준으로 해서 스스로가 목표로 삼고 있는 것
    을 말한다. 수년 뒤에 실현하고 싶은 모습을 그린 것으로 현재
    의 환경이나 능력 등을 배경으로 그려진다.
  - 회사 전체의 방침 · 목적과 조합한, 테마 추진 조직으로서의 방

침과 목적을 명확하게 한다.

- 방침 · 목적은 테마에 관한 것이다.

- 방침이나 목적의 개념이나 생각 · 관점을 이미지화하듯이, 특 징적인 암호나 슬로건을 가짐에 따라 구성원에게 강한 인상을 부여함과 동시에 자부심을 가지게 하는 것 등도 고려한다.

▶ **방침과 목적 시트 예**

방침과 목적	
방침 '해서 보여 주고, 말하고 들어 주고, 시켜 보고, 칭찬해 주지 않으면, 사람은 움직이지 않는다'는 정신 아래, 인재만들기와 조직 양성을 목표로 한다.	**목적** VJiT 관리의 두 바퀴인 '눈으로 보는 관리'와 'JIT개선'의 기반이 되는 5S의 정착 • 5S 관리의 정착!

- **목표 시트의 작성**

- 목표란 방침에 준거하여 목적을 실현하기 위해 기한을 정하고 도달해야 할 일을 나타낸 것이다.

- 목표는 도달점이며, 도달했는지의 여부를 측정하거나 판정할 수 있는 것이어야 한다.

- 목표를 측정하는 결과 지표와 목표치를 설정한다.

- 방침이나 목적의 실현에 기여하는 것이 아니면 안 된다.

- 회사 전체의 목표에 부합하는 것이어야 한다.

- 목표는 기일이 정확히 명기되어 있어야 한다.

• 방침 · 목적에 기반한 목표를 실현하는 과정에서 발생할 가능성이 있는 리스크(위험성이나 문제)가 있을 경우에는 그것을 방지하는 일도 목표에 추가하는 것이 좋다.

▶ 목표 시트 예

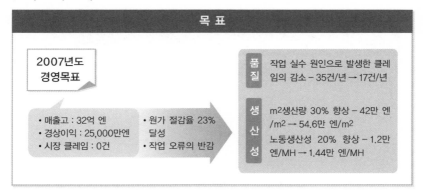

− **활동 체제 시트의 작성**

• 추진을 위한 활동 체제를 명확히 한다.

• 관리 · 개선의 추진을 위한 팀을 편성하고, 리더와 구성원을 명확히 한다.

• 추진 체제 내에 복수의 팀을 두는 경우는 팀마다 리더를 두고, 전체를 총괄하는 관리자를 두던지, 리더 회의 등을 실시해서 전체 회사의 방향을 세워서 역할과 진행 조정을 도모하는 체제를 명확히 한다.

• 리더는 팀의 활동을 추진하기 위한 리더십을 가진다.

• 구성원은 각각의 전문 영역이나 의식, 교육적 의지 등을 고려

해서 역할을 명확하게 하고, 체제도에 명기한다.

- 활동의 진행 관리를 실시하는 훈련 지도자를 두는 것도 좋다.
- 활동을 지원하는 개선 전도사(사내 컨설턴트)나 전문 트레이너가 있을 경우는 체제도에 명기한다.

▶ 활동 체제 시트의 예

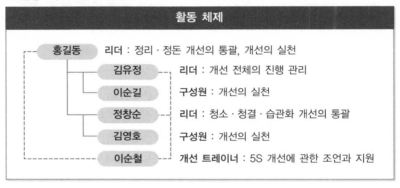

- 관리 지표 시트의 작성

- 목표 = 결과 지표를 채우는 것에 기여하는 행동을 명확하게 하고, 그 행동이 적절하게 실시되고 있는지를 감시 · 측정하기 위해 관리 지표를 분명하게 한다.
- 목표치에 조합한 관리 지표의 목표 단계 또는 관리 단계를 규정한다.
- 활동의 단계에 따라서 비중 있는 행동과 관리 지표를 선택한다.
- 관리 지표는 현장에 있어서 용이하고 간단하게 측정할 수 있는 것이 바람직하다.

- 관리 지표상에서 이상 결함을 검사하여 알아낼 수 있는 항목이나 분석 방법도 명확하게 하는 것이 좋다.

▶ 관리 지표 시트의 예

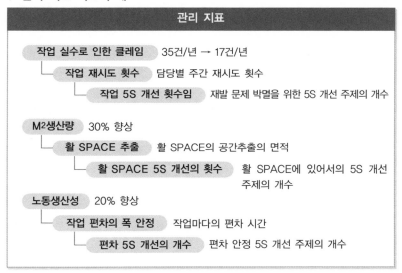

- **관리 지표 시트의 작성**
  - 관리가 목표 수준·관리 수준을 향해서 적절한 추이를 그리고 있는지의 여부를 한눈에 알 수 있도록 그래프를 작성한다.
  - 시간의 경과와 함께 이 지표가 어떤 추이를 나타내는지 알 수 있게 한다.
  - 목표 달성의 정도와 실현성 여부를 예측할 수 있도록 표현한다.
  - 특별한 계산이나 분석을 하지 않고 기재할 수 있는 것이 좋다.
  - 관리와 개선의 진행 상황을 한눈에 알 수 있고, 문제점을 쉽게

집어낼 수 있도록 표현한다.
- 막대그래프 등을 사용하면 실적을 파악한 후 즉시 반영할 수 있고, 집계 기일이 되지 않았어도 실적 추이를 쉽게 알 수 있으므로 바람직하다.

- 운용 순서
- 개선 보드를 작성하는 시점에서 조직의 운용(활동) 규칙을 설정하여 그 규칙에 기반한 개선을 실천한다.
- 조직의 운용은 지속적이고 연속적이어야 한다.
- 단순한 할당량의 감시가 되지 않도록 하며, 서로 지혜를 짜내어 협력 관계를 형성할 수 있도록 유의한다.
- 관리와 개선을 위한 지혜를 공유하고 서로 자극을 주기 위해 개선된 사례를 개선 보드 앞에 진열한다.
- 경영자나 간부는 월 1회 이상 각 개선 보드를 둘러보고 활동 상황을 리뷰하며, 관리와 개선 활동에 대해 현지·현물·현실적으로 평가한다(리뷰란 서로 다른 관점으로 상황이나 결과를 바라보고 깨달음을 얻거나 주어 새로운 지혜와 가치관을 공유하는 기회를 갖는 것을 말한다).

4 개선을 앞당기는 인재만들기
– 개선 도장

'자주연' 방식으로 도요타식 인재 육성을 하자

인재만들기는 조직의 체계를 강하게 키워 나가는 또 다른 요소 가운데 하나다. 사실 인재 육성은 5S나 개선 보드 이상으로 개선 활동을 진행하는 데 있어서 매우 중요한 요소다.

도요타가 회사 전체에 개선 활동을 퍼뜨린 기원이 되는 '자주(自主) 연구회'를 살펴보면 인재만들기가 중요한 이유를 알 수 있다.

자주적 연구회 즉, '자주연'이라고 불리는 이 개선 활동은 간판생산을 자주적으로 연구하여 체득하고 발전시키자는 취지로 1953년 과장급 관리자들을 중심으로 시작되었다. 간판생산에 대해서 공동으로 연구하고 그것을 통해 자신의 조직에 맞게 전개하기 위한 활동이다. 이 자주연은 그 후 부품 브랜드까지 확장한 활동으로 전개되어 도요타 그룹 각 사에 간판에 의한 생산관리를 침투시킨 기점이 되었다.

자주연 활동에서는 간판생산을 탁상공론이 아니라 실제 현장을 대상 과제로 채택하여 개선을 실천한다. 그 실천을 자주연에 모인 참가자가 자신이 소속한 조직에서 실시하는 것이 아니라, 자신과는 관계없는 별도의 현장이나 조직을 대상으로 실시하는 것에 자주연만의 독특함이 있다.

일반적인 개선 활동의 체제는 조직의 개선 리더들이 모여 개선 방법의 이론을 학습한 후에 자신의 조직에서 실천하는 일이 많다. 하지만 이와 같은 전개 방법으로는 개선 활동이 성공할 확률이 매우 낮다. 이미 자신에게 익숙한 조직 내에서 실천하기 때문에 어쩔 수 없이 과거의 지식이나 경험에 얽매이게 되는 것이다.

조직은 개선의 필요성을 알고 있어도 일단은 자신들이 지금까지 구축해 온 방식을 개선하는 것에 대해 강한 저항감을 느낄 것이다. 확실히 개선 효과가 있는 것을 입증할 수 없는 한 자신의 과거 지식이나 경험의 연장선에서만 개선 활동을 실시할 수밖에 없다. 이렇게 해서는 비상식을 추구하는 도요타식 개선을 실천할 수 없으며 당연히 성과도 나오지 않는다.

이에 대해 자주연에서는 '간사회사(幹事會社)'가 개선 대상 현장을 제공하고, 그 모델을 대상으로 참가자가 협력하여 실제로 개선 활동을 실시한다. 참가자는 그 직장에 있어서 '제3자'에 지나지 않는다. 그렇기 때문에 과거의 지식이나 경험에 사로잡히지 않고 아이디어를 짜내고 개선 활동을 실천할 수가 있는 것이다. 이것이 바로 도요타식 개선을 상징하는 '비상식의 실천'의 개념이다.

자주연의 참가자는 실제 개선 활동에 참여해 간판생산을 이해하고 그것을 적용하기 위한 수단을 습득한다. 그 후로 참가자는 '개선 전도사'가 되어 자신의 조직으로 돌아와 자주연에서 배운 간판생산에 의한 개선 활동을 확장해 나간다.

이러한 개선 전도사 유형의 인재 육성을 실시해 왔기 때문에 직원 수가 수십만에 이르는 도요타 그룹 각 사에 '비상식'이라는 도요타식의 견해나 생각이 전수되었던 것이다.

한편 스토어관리에 의한 개선에서도 개선을 현장으로 수직적으로 전개하는 '개선 전도사'를 자주연 방식으로 육성하고 있다. 그것이 바로 소개하는 '개선 도장'이다.

개선 사례 ▸ 의식과 행동의 변화

개선 모임은 조직력을 높이기 위해 '다른 사람들의 성과를 유도하고, 개선을 기본 축으로 하는 관리를 실천할 수 있는 관리자'의 육성에 큰 효과를 준다.

일을 잘하는 사람(슈퍼 스타형 인재)을 관리해도 조직력은 향상되지 않는다. 부하의 능력을 이끌어 내 향상시키는(개선하다) 능력을 가진 사람(감독형 인재)이 관리자가 되어야 조직력을 높일 수 있다. 표준화로 지혜의 공유를 나타낸 그래프는 개선 모임에 참가하기 전과 참가한 후의 참가자의 관리 의식과 행동을 조사한 결과다. 이 그래프를 보면 확실히 관리자로서의 의식이나 행동의 속성이 균형 있게 향상되어 있음을 알 수 있다.

대인 적응 · 조직 적응 · 인간 지향의 동기가 더욱 높아졌으며 매우 낮았던 결과 지향 동기가 고조를 보이고 있다. 이는 결과(목적)를 의식하면서 그것의 달성을 위한 인재와 조직을 양성하는 것을 중시하고, 그것을 통해 결과를 얻는 관리 능력을 가진 인재 개발이 가능해졌다는 의미다.

개선 사례 ▶ 현장 순회

개선 모임에 따라 개선을 전개하는 활동에서는 매주 현장을 둘러본다. 각 부서에 걸려 있는 개선 보드 앞에서 각 부서의 개선 리더나 구성원들에게 개선 상황에 대한 설명이나 자랑을 듣는다. 사전에 약속을 잡지 않고 불시에 방문하도록 한다. 사원들이 아무런 준비를 하지 않고 언제 누가 방문하더라도 자신들의 개선 활동을 설명할 수 있도록 하는 것이다.

회의실에서의 설명과는 다르게 현장에서의 설명은 관리자가 보는 앞에서 해야 하기 때문에 거짓말은 당연히 해서도 안 되며 과장도 할 수 없다. 또 의욕이 없는 태도를 보여서도 안 된다. 또 현장에서 약속한 사항은 주변 사람들이 증인이 되어 지켜보기 때문에 대충 넘어갈 수도 없다. 이 때문에 스스로 생각하고 판단해 행동해야 하며, 불시의 현장

순회가 들어왔을 때 자신들의 활동을 설명하기를 반복해 자각과 지식이 더욱 깊어져 자율적인 개선 활동이 정착된다.

　다른 사람이 이해할 수 있도록 설명하다 보면 스스로가 더욱 깊이 이해하게 된다. 현장순회 시에 개선의 리더는 다양한 방식으로 설명을 하는 사이에, 도요타식 개선의 원리원칙이나 스토어관리 등의 탁월한 기법을 더욱 깊게 이해하게 된다.

▶ 표준화로 지혜를 공유

의식 행동 수준 조사 그룹
개선 모임 전후에서의 의식과 행동의 속성 변화 – 5.00 이상 : 그 속성의 발현성이 높다. – 4.50~4.99 : 상태에 따라서 발현하거나, 발현하지 못한다. – 4.00~4.49 : 발현성이 낮다. – 4.00 미만 : 거의 발현하지 못한다.

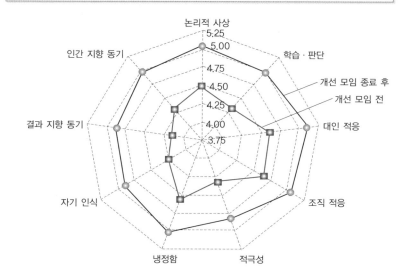

개선은 현지에서 현물로 실시해야 한다. 현장에 한 걸음 나아가 보면 왜 개선이 제대로 침투되지 않았는지 금방 파악이 된다. 그리고 무엇을 해야 하는지도 잘 알 수 있다. 회의실에서 1시간 동안 설명을 듣기보다 10분 동안 현장을 보는 쪽이 훨씬 더 많은 것을 볼 수 있기 때문에 해야 할 일을 더 잘 파악할 수 있게 된다.

5

타인에게 성과를 유도하는 '개선 전도사' 육성

자신과 무관한 조직을 대상으로 개선을 실시한다

스토어관리에 의한 개선의 성공 열쇠를 쥐고 있는 것은 개선 전도사다. 그리고 그 육성에 큰 역할을 담당하는 것이 개선 모임이다. 개선 모임이란 스토어관리에 따라 개선에 임하는 기업에서 개선 전도사로 육성될 사원들이 모여 활동을 하는 것을 말한다. 이들은 도요타식 고객 지향이나 개선 의식, 그리고 삼현주의나 '일단 실시해 보고 생각'하는 유형의 개선 방법과 의식을 배우면서, 각자가 담당하는 부서의 개선 활동을 이끌어 간다.

단, 개선 활동에 있어서 실제로 개선 방법을 입안하거나 실행을 주도하는 것은 각 조직 내의 리더지 개선 전도사가 아니다. 개선 모임에서 개선 전도사의 역할은 조직의 리더에게 필요한 조언 등을 하는 것이다. 개선 전도사가 직접 개선 활동을 하는 것은 금지되어 있다. 개선 모임이 자주연 방식이라고 할 수 있는 이유가 바로 여기에 있다.

즉, 자신과 무관한 조직을 대상으로 개선을 실천함으로써 과거의 경험이나 지식에 얽매이지 않는 개선을 배우게 되는 것이다. 이처럼 개선 모임에서도 개선 전도사의 담당 현장은 그들의 지위·권한(지휘 명명권)이 미치지 않는 곳으로 한정된다. 따라서 자신이 직접 현장 개선 활동에 직접 들어갈 수는 없기 때문에 현장의 개선 리더나 구성원을 설득하고 활동을 진행시켜 성과를 내는 방법밖에 없다. 개선 전도사로서의 평가도 담당 조직이 얼마나 개선을 도모했는가 하는 점이 핵심이 된다.

조직의 성과를 위해서 개선 전도사는 조직의 관리 능력·개선 능력이 활동을 통해서 고양된다는 식의 '조직 성장 프로세스'를 그린다. 그리고 그 프로세스에 기반을 두어 조직에 정보나 자극을 주어 스스로 성장할 수 있도록 접근한다.

구체적인 접근 방식으로는 개선 보드를 걸어 두거나 개선 현장을 돌아보면서 직접 현장의 목소리를 듣는 것 등이 있다. 개선 보드는 직접 눈으로 보는 관리 원칙에 기반을 둔 것으로 관계자가 개선에 대처하는 자세나 진행 상황을 항상 보이도록 해야 한다. 또한 현장 순회는 삼현주의에 기반을 둔다. 즉, 개선의 실제 상황을 눈으로 보고 이해하고 침투를 저해하는 문제점을 없애는 활동을 반복한다.

이렇게 해서 반년이나 1년 등의 일정 기간 동안 개선 전도사가 현장의 개선 활동을 지휘한 다음에 실시하는 것이 리더의 개선 사례 발표회다. 이는 개선 전도사가 조직을 어떻게 성장시켰는지 활동 전반의 운영에 대해 발표를 하는 것이다. 이렇게 해서 타인의 성과를 유도하는 관리자의 지혜가 하나의 형식으로 정리되어 공유될 수 있게 된다.

사실 이 개선 전도사을 통해 사원들이 성과를 내게 만드는 것은 조직 관리자에게 가장 필요한 자질이다. 그래서 개선 모임의 개선 전도사 육성 프로그램을 관리직 후보자를 육성하기 위한 연수 프로그램으로 활용하고 기업도 많이 있다.

6 개선은 습득이 아니라 침투시키는 것 – 개선 모임의 5가지

조직을 뚫고 나오는 말뚝을 제대로 평가하자

개선 모임 시스템이 도요타식 개선을 현장에 침투시키는 데 있어서 왜 더 효과적일까? 그 이유에는 5가지가 있다.

첫 번째는 개선을 유지하는 원동력이 되는 현장에 개선 의식을 심어 주는 데 효과적이기 때문이다.

개선 모임에서 육성되는 개선 전도사는 자신의 지위와 권한이 미치지 않는 조직의 개선을 전도해 나가야 한다. 따라서 자신이 직접 현장에서 개선을 주도할 수는 없다. 오직 현장에 개선의 필요성이나 중요성에 대한 인식을 심어 주어 개선 의식을 양성하는 것밖에 없다.

처음에 현장에 있는 사람들은 그런 개선 전도사에게 강요당하는 기분을 느낄 것이다. 그러나 점점 자율적인 활동을 하게 되어 조직은 스스로 개선을 실시하는 도요타식 개선의 DNA를 가진 집단으로 변화한다.

두 번째는 개선 전도사가 도요타식 개선을 순수하게 이해할 수 있기 때문이다.

개선 전도사들은 도요타식 개선을 이해하기 전에 먼저 자신의 현장에 적용할 수 있는지의 여부를 평가되는데, 그들은 고객의 입장에서 도요타식 개선을 이해하는 입장에서 벗어나, 결과를 적용할 수 없는 이유만 나열하는 것으로 끝나게 될지도 모른다.

반면에 개선 모임의 방식에서는 자신의 직장이 아닌 곳에서 개선을 전도해야 하므로, 전도할 도요타식의 개선을 이해하는 것에 먼저 집중하게 될 것이다. 이런 이유로 비상식인 도요타식 개선을 제대로 익힐 수 있는 것이다.

세 번째는 '일단 해보고 생각한다'라는 개선 유형을 정착시킬 수 있기 때문이다. 개선 모임에서는 '생각하기 전에 행동하라', '일단 해보고 생각하고, 이해하라'와 같은 행동 유형에 집중하고 있다.

과거의 지식이나 경험에 치우지지 말고 전혀 새로운 좋은 것을 흡수하는 유형이다. 행동으로 옮길지 말지를 생각하는 것보다, 먼저 행동하고 거기서 따라오는 문제점들을 해결하는 식의 습관을 철저하게 들여야 한다. 이것이 도요타식 개선의 DNA를 양성한다.

네 번째는 개선 활동을 '유리벽'처럼 잘 보이게 한다. 그렇게 해서 정보를 공유하게 만들기 때문이다. 개선 현장에서 개선 보드를 걸어 두고 항상 주변의 관계자들의 개선에 임하는 자세나 진행 상황을 볼 수 있도록 한다.

개선 활동은 리더 한 사람의 책상이나 자료만으로 진행해서는 안 되며 모두가 보이는 곳에서 진행해야 한다. 또한 개선 보드 앞에서 미팅을 하여 개선에 관한 모든 정보를 공유함으로써 모든 사람들이 개선에 참여하는 것을 실감하게 만들어야 한다.

다섯 번째는 개선의 리더를 고립시키는 일을 만들지 말아야 한다. 이것이야말로 개선 모임의 방식이 도요타식 개선의 침투에 효과적인 가장 큰 이유일 것이다.

개선이란 지금까지의 방식을 부정하고 변화시키는 것이다. 이런 활동을 추진하는 리더는 조직 내에서 고립되기 쉽고, 그것이 두려운 나머지 개선을 솔선해서 진행하지 못하는 경우가 많다.

한편 개선 전도사를 두는 개선 모임의 방식에서는 리더 곁에 항상 개선 전도사라는 아군이 존재하여 리더가 고립하지 않도록 환경을 정리해 주기 때문에, 리더가 거침없이 개선 활동에 임할 수 있는 것이다.

새로운 것에 도전하려고 하는 존재를 주위에서 짓밟아 버리는 일본 기업의 나쁜 경향은 '뚫고 나오는 말뚝은 다시 박힌다'라는 일본 속담을 통해서도 여실히 알 수 있다. 비상식에 도전하는 도요타식 개선을 확실하게 도입하기 위해서는 조직을 뚫고 나오는 말뚝을 제대로 평가하는 문화가 제대로 심어져야 할 것이다.

이 책의 번역을 마치며 TOYOTA

◉ 도요타방식은 이제 일본의 경제를 떠나 세계적인 생산성 향상 방법으로 전개되고 있다. 무엇보다 기업의 목적인 이익을 실현하는 도구로서 낭비 없이 일하는 방법과 개선이 반드시 성과로 연결되도록 체계를 갖추고 있음에 놀라울 뿐이다.

일반적으로 도요타방식은 제조업을 중심으로 개선 방법을 제공하는 것으로 인식되고 있으나 점차 건설과 금융, 서비스(슈퍼마켓, 마트, 세탁소, 호텔) 그리고 공공부문과 공무원의 혁신방법론으로도 각광받고 있다.

공급자 중심으로, 만들면 팔리던 시대에는 대규모로 싸게, 그리고 많이 만드는 것이 사회에 공헌하는 것이었다. 그러나 지금은 물건과 서비스가 남아돌아 경쟁이 치열해짐에 따라 적자가 속출하고, 고객의 선택을 받을 수 없거나, 변화를 하지 못하는 기업과 단체는 몰락하고 있다.

" 변화를 추구하는
기업에 희망의 불꽃을
던져 준 간판방식 "

여기에 희망의 불꽃을 던져 준 것이 도요타방식이다. 상식적으로 경쟁에서 이길 수 없다고 주장하는 도요타는 고객의 만족요소인 QCDS 속에 그 승리 요소가 없음을 일찍부터 간파했다. 즉, 작은 규모로도 일류기업이 되고 대규모의 기업을 이기는 방법이 있음을 안 것이다. 대량생산만이 싸게 만드는 방법이 아니라 다품종소량생산으로도 싸게 만들 수 있음을 알았다. 바로 낭비에 눈을 뜬 것이다. 또한 지속적으로 행하는 것이 얼마나 중요한지, 그리고 진정한 힘이 여기서 나온다는 것도 알았다. 그래서 그들은 유지, 발전에 필요한 인자인 도요타 DNA를 만들고 이를 전수해 나갈 수 있는 핵심요소인 인재 육성에 주력하고 있다.

도요다방직의 창업자인 도요타 사카치와 그의 아들로써, 도요타 자동차를 설립한 도요타 키이치로가 주창한 자동화와 저스트 인 타임 철학을 계승, 발전시키는 도요타의 노력은 일류기업이 되는 길로써 좋은 본보기가 되고 있다.

"사무직종사자들이 지녀야 할 마인드 방향을 제시해 주는 소중한 책"

그동안 많은 책들이 도요타 생산방식으로서 생산의 효율을 높이는 기법과 도요타의 성과 중심으로 서술되어 있었다. 때문에 사무 부문의 혁신을 위한 도요타방식의 응용, 방법에 목말라 했던 많은 기업인, 사무종사자들이 있었다.

이 책은 이런 사무 부문의 종사자들이 가져야 할 마인드와 업무 속에서 낭비를 줄일 수 있게 이를 개선하는 방법을 사례 중심으로 제시하고 있다.

경영혁신을 추구하고자 하는 기업에서는 사무 부문에 활용하여 생산 부문의 생산성 향상에 도움이 될 것으로 확신한다.

◑ 정광열

사무 분야에 바로 활용하는 도요타 간판방식

지은이	마츠이 준이치
옮긴이	정광열
발행인	신재석
발행처	(주)삼양미디어
주소	서울시 마포구 서교동 394-67
전화	02-335-3030
팩스	02-335-2070
등록 번호	제 10-2285호
발행일	2007년 7월 10일(1판 1쇄 발행)

ISBN 978-89-5897-080-4